MAURO CARDELLA

DA ZERO A INVESTITORE

Come Investire In Maniera Consapevole I Tuoi Soldi Attraverso La Pianificazione Finanziaria

Titolo

"DA ZERO A INVESTITORE"

Autore

Mauro Cardella

Editore

Bruno Editore

Sito internet

http://www.brunoeditore.it

Sommario

Introduzione

Occuparsi delle proprie finanze, gestire debiti, risparmi, investimenti... una vera fatica, ma qualcuno dovrà farlo. La salute finanziaria è un argomento impegnativo e difficile che molte persone preferirebbero evitare ma, alla fine, è qualcosa a cui non si può sfuggire. Questo libro azzarda di dare al lettore un quadro d'insieme di questa disciplina.

Non aspettatevi una lista di metodi di investimento pura e semplice da applicare sistematicamente tipo ricette di cucina.
Ogni strategia è figlia del proprio carattere, del proprio modo di vedere il mercato, dei propri obiettivi, del proprio capitale iniziale. Per quanto la si possa ridurre a modello, dimenticatevi di poterla applicare in modo facile e veloce.

La mia intenzione è quella di trasmettervi una mentalità da acquisire all'interno di una conoscenza dei mercati finanziari che cercherò di fornire quasi da zero. Insegnarvi a vedere le cose in modo molto più razionale, senza timori, con la consapevolezza dei propri limiti e delle proprie possibilità.

È vero che in un mondo complesso come il nostro le specializzazioni sono necessarie, ma non sono sufficienti, è necessario che si integrino e che non facciano a pugni tra loro.

Mi piace ricordare la storiella dell'elefante, nella quale a un gruppo di persone cieche viene chiesto di toccare l'elefante e di dire poi a cosa somigli ciò che sta toccando.

Chi tocca le zampe lo confronta a delle colonne di un tempio, chi tocca la testa a una caldaia, chi tocca la coda a una fune, chi tocca le zanne a un aratro. Nessuno riesce a ottenere una visione d'insieme, cosa che nel mondo degli investimenti è assolutamente necessaria.

Per superare questo limite è necessario acquisire oltre alle proprie competenze specialistiche, anche una conoscenza almeno superficiale delle altre che devono integrarsi tra loro.

Questo principio che varrà sempre di più nel mondo del lavoro vale a maggior ragione in campo finanziario, bisogna, in altri termini, sviluppare competenze che vengono chiamate a T (T-shaped skills). La linea verticale della T rappresenta la profondità delle competenze e delle esperienze in uno specifico settore o materia, mentre la linea orizzontale rappresenta la conoscenza degli altri settori.

La principale difficoltà che ho incontrato nella stesura del libro è stata quella di cercare di affrontare i vari aspetti del mercato non come tanti argomenti slegati tra loro ma di presentarli in modo organico, con tutte le interconnessioni tra i vari tipi e i vari segmenti di mercato che inevitabilmente ci sono a costo di riprendere alcuni argomenti più volte.

Qualcuno si chiederà: ma hai inventato qualche nuovo sistema di investimento o il libro contiene qualche segreto per diventare ricchi?

Assolutamente niente di tutto questo.

Allora quale valore c'è in questo libro visto che tratta di argomenti che in realtà sono già disponibili a tutti?

In questo caso il problema è che si ignora il valore della selezione, il valore oggi è la cosiddetta Curation.

La Content Curation consiste *"nel monitorare e selezionare contenuti e risorse attorno a un tema specifico, per presentarli in maniera significativa e organizzata, magari integrandoli con articoli originali".*

Il valore è quindi dettato dalla selezione, dalla scelta. Tutto ha valore 0, mentre fare chiarezza nel mare dell'informazione che esiste, quello crea valore. Pompare dentro qualsiasi cosa non è un bene, ci vogliono informazioni precise.

Oggi, si paga per la selezione finale, per la sottrazione non per l'addizione. Perché la gente dovrebbe comprare qualcosa che è disponibile anche gratis?

In questo caso la gente ignora la differenza tra avere qualcosa che sia disponibile e qualcosa di accessibile. Avere un papiro infinito di informazioni dove non vedi niente è come trovarsi a un centimetro da un grattacielo: non lo vedi completamente.

Hai bisogno di qualcuno che te lo renda comprensibile, accessibile che te lo traduca per te: questo è il valore.

Il valore dell'università, ad esempio, è che ti rende accessibile quell'informazione, ti aiuta a comprenderla, a contestualizzarla. Iniziamo a entrare nel merito. La nostra cultura ci invia continuamente messaggi dove ci fanno credere che tutti possiamo vivere alla grande. Ci viene, quindi, fatto credere che in qualche modo e in qualche luogo un generico "qualcuno" si deve assumere la responsabilità di offrirci una vita fatta di continua felicità; e noi, in attesa del Signor Qualcuno, cosa facciamo? Aspettiamo.

Eppure, la realtà è un'altra; la maggior parte di noi è abituata a dare la colpa a qualcosa o a qualcuno per quello che non funziona nella propria vita ma una sola persona è responsabile della qualità della tua vita: tu. La soluzione? Prendersi la responsabilità per qualunque cosa ci accada invece di lamentarci di tutto e di tutti e rifiutarci di dare la responsabilità a chi ce l'ha veramente: noi stessi.

A mio parere, non c'è argomento più interessante e più utile dello studio della teoria degli investimenti. Dopo questa lettura dovreste avere acquisito una migliore conoscenza dei mercati finanziari, essere in grado di gestire meglio i vostri investimenti personali e avere le basi per iniziare una carriera nella gestione professionale degli investimenti.

Gli investitori possono provenire da due gruppi: da un lato quelli che sono ben preparati sui principi sottostanti gli investimenti, dotati di buon senso e dell'esperienza maturata nel tempo, e dall'altro quelli che sono semplicemente fortunati. Ma, poiché la fortuna tende a essere bilanciata dalla sfortuna, nel lungo periodo gli investitori di successo appartengono quasi esclusivamente al primo gruppo.

Lo scopo ultimo del libro che, senza pretese di esaustività, intende facilitare la comprensione di alcuni elementi basilari legati al mondo della finanza è solo uno: offrire gli insegnamenti di base per avere successo; perché capire è il primo passo da compiere per investire.
Ovviamente, questo libro in prima istanza recepisce e organizza i contributi di altri che naturalmente ringraziamo.

Capitolo 1:
Cosa si intende per disciplina finanziaria

Occorre accettare l'idea che non viviamo più nel mondo dei nostri genitori o dei nostri nonni. Il piano in passato era molto semplice: vai all'università, trovi un lavoro, ti fai in quattro e magari poi trovi un altro lavoro dove guadagni di più e metti qualche soldo da parte in attesa di andare in pensione. Ti ricordi la pensione? La promessa di una rendita per tutta la vita? Ebbene in pratica non esisterà quasi più; vivremo più a lungo ma con meno soldi.

Magari durante la tua vita professionale guadagnerai tanti soldi, ma se sei come la maggior parte delle persone, spenderai tutto ciò che incassi e, dopo aver lavorato per una vita intera, non ti resterà nulla. Dobbiamo imparare a gestire i nostri soldi per evitare di dilapidarli. A scuola nessuno ci ha insegnato la materia più importante: la finanza.

Occorrerebbe pertanto collocare l'educazione finanziaria tra le nuove competenze indispensabili ai giovani, poiché l'economia dovrebbe essere una disciplina accessibile agli studenti di tutte le scuole.

Educare gli studenti a riflettere su concetti di finanza è prioritario e indispensabile per aiutarli in futuro a fare scelte consapevoli sia come cittadini sia come utenti dei servizi finanziari. Concetti base come:

- Moneta e prezzi
- Strumenti di pagamento
- Banche e mercati finanziari
- Uso consapevole del denaro
- Pianificazione
- Rischio finanziario
- Assicurazione e previdenza

dovrebbero essere ben chiari a tutti, per evitare quello che viene chiamato il circolo vizioso **lavora-produci-consuma** che si ripete all'infinito. Occorre spingerli a pensare al proprio futuro finanziario **insegnando loro a gestire il proprio patrimonio**. I soldi sono la materia di studio più importante.

Noi in questa sede ci occuperemo soltanto della finanza personale fissandoci fin da subito un obiettivo basilare: riuscire ad assicurarsi un benessere finanziario che è una delle missioni più importanti che dobbiamo compiere per noi e per i nostri familiari. Iniziamo subito a vedere quali sono i tre passi da compiere, nell'ordine:

- **Pianificazione**
- **Risparmio**
- **Investimento**

Iniziamo dalla **pianificazione.**

La pianificazione in tutte le nostre attività è fondamentale e naturalmente anche nei nostri investimenti. Senza un'adeguata pianificazione è come prendere una nave, posizionarla al centro dell'oceano e lasciarla in balia dei venti, sperando che arrivi in porto. Che possibilità ci sono?

Occorre, quindi, definire una serie di obiettivi e tracciare una rotta in modo da avere un chiaro riferimento da seguire, anche se questo può comportare un cambio di obiettivo e la necessità di tracciare percorsi diversi. Qualsiasi attività senza una corretta pianificazione è quasi certamente fallimentare.

Ovviamente non sempre la pianificazione vuol dire successo assoluto, ma almeno è possibile rendersi conto degli errori e porvi il giusto rimedio. Questo perché la pianificazione ha la prerogativa di essere misurabile. Perché allora la maggior parte delle persone non la fanno?

È una questione di mindset (mentalità), di un atteggiamento mentale che determina il modo in cui interpretiamo e rispondiamo a ogni situazione, in sintesi ciò che una persona è.

Questo comporta una elasticità mentale assolutamente dinamica, ma non tutti sono in grado di prendere decisioni, spesso per convinzioni limitanti dove la paura di sbagliare è più forte di loro.

Questo atteggiamento ci porta a rimandare sempre il discorso e tra le principali cause di questa reticenza, la prima è sicuramente la sensazione di non essere all'altezza. Mentre la seconda è legata all'imbarazzo di intavolare il discorso con i propri cari, che si accompagna alla discussione di alcuni problemi che si preferirebbe tacere: pianificare le spese mediche, l'eredità, il budget in vista della pensione, ecc. La buona notizia è che questa impostazione mentale però, per quanto radicata, può essere cambiata, acquisire un nuovo mindset ci permette, quindi, di pianificare.

Le donne, ad esempio, possiedono due punti forti: l'attitudine al risparmio e la percezione del futuro. Però non sono molto propense all'investimento. Nelle donne esiste più un controllo ex-post delle spese che in realtà rappresenta l'opposto della pianificazione.

Inizia allora a fare il tuo primo investimento: **pianifica**. Molti suggeriscono di predisporre un **piano finanziario** seguendo qualche semplice ma essenziale regola.

Ogni anno devi sapere quali sono state le tue spese in ogni campo, le tue entrate e quanto ti è rimasto. Prepara un budget annuale per ogni ambito di spesa e ogni mese analizza gli scostamenti: per fare questo devi segnare ogni tua spesa.

Puoi usare una delle numerose applicazioni dello smartphone o un semplice foglio di carta. Ma è importante che tracci le tue spese e le riporti nelle giuste categorie: in questo modo, alla fine dell'anno, avrai la visione completa. Stabilire chiaramente gli obiettivi settimanali, mensili, annuali e a lungo termine è un'abitudine essenziale da avere. Il tempo speso per pianificare il tuo futuro finanziario è tempo speso bene. Tenere traccia di spese e redditi per avere un'idea di come utilizzare e fare fruttare il proprio denaro è un buon sistema per **ponderare le proprie spese e pianificare gli investimenti**.

Si può iniziare facendo una stima delle spese personali mensili sia variabili, come gli acquisti per intrattenimento, regali e shopping, sia fisse, come bollette, affitto, telefono. A questo punto si possono sommare tutte le spese e sottrarle al reddito: se spendi più di quanto guadagni, allora dovrai apportare in fretta dei cambiamenti alle tue abitudini e al tuo stile di vita.

Infine, occorre rivedere il budget ogni mese, per capire se ci sono eventualmente cambiamenti da effettuare.

Ma, per la maggior parte delle persone, questo tipo di attività è come fare una dieta. Quante volte la segui davvero alla perfezione? Certo concedersi qualche sgarro ogni tanto potrebbe fare anche bene e l'importante è non farne un'abitudine, ma nel campo della pianificazione e del conseguente risparmio l'eventuale infrazione potrebbe compromettere l'intero progetto. (Più avanti vedremo per quale motivo e quali possono essere le conseguenze).

Allora per molti il budgeting, ossia la pianificazione del budget, potrebbe non essere la strategia migliore perché:

- È complicato, quindi alla gente non piace farlo
- Ci vuole tempo
- Non è affatto divertente

Si può anche evitare di creare un **budget dettagliato** su come spendere i propri soldi per vestiti, caffè e bar; è sufficiente ogni volta che si guadagna del denaro, risparmiarne una parte per il futuro. L'importo da accantonare per varie voci di spesa dipende dalla propria situazione individuale, ma si dovrebbe aggirare almeno tra il 10-15% del tuo reddito.

Una volta che hai **messo da parte la percentuale stabilita** quello che rimane è il denaro con cui ora vivi e che verrà speso per costi fissi come l'affitto e il cibo, ma anche spese discrezionali come ristoranti e intrattenimento e non c'è bisogno di un budget.

Per alcuni potrà risultare utile **concentrarsi sulle spese** per altri meno ma, finché posso risparmiare così tanto al mese o al trimestre o all'anno, non importa dove spendo i miei soldi. Devo solo sapere che sto raggiungendo l'obiettivo di risparmio che conta per me in questo punto della mia vita. Finché sapete quanto dovete risparmiare e risparmiate abbastanza ogni mese, a chi importa davvero dove va a finire il resto del denaro? L'importante è avere una mappa.

Passiamo al Risparmio.

La macchina non può mettersi in moto finché tu non prendi la decisione finanziaria più importante della tua vita. Quale decisione? La porzione della tua busta paga che decidi di accantonare. Quanto sei disposto a mettere da parte, senza pensarci troppo, prima di spendere un solo centesimo per la vita quotidiana? Quanto del tuo stipendio puoi (o meglio vuoi) lasciare intatto, a prescindere da quello che ti succede?

Tieni conto che, nel momento in cui giornalmente facciamo delle spese, stiamo decidendo dove indirizzare il nostro denaro, verso una spesa o verso un risparmio; i soldi che decidi di mettere da parte diventeranno la base di tutto il tuo piano finanziario. Fondamentale: qualunque sia questo numero, devi rispettarlo; nei momenti buoni e in quelli cattivi, a prescindere da tutto il resto. Perché? Perché la legge dell'interesse composto (ne parleremo dopo), punisce anche un solo mancato versamento. Gli esperti suggeriscono di risparmiare almeno il 10% del tuo reddito, anche se la cifra giusta è il 15% soprattutto se hai più di 40 anni.

Nonostante gli italiani, insieme ai giapponesi e ai cinesi siano dei bravi risparmiatori, anche noi stiamo cedendo al consumismo rampante come gli americani, peraltro spinti a forza dalle numerose società che pressano per il credito al consumo. Per **credito al consumo** si intendono tutte quelle attività di finanziamento alle persone fisiche e alle famiglie che hanno lo scopo di sostenere i consumi o di rimandare o rateizzare i pagamenti. Il credito al consumo si caratterizza per il fatto che non serve per sostenere investimenti, ma solo per finanziare la spesa corrente delle famiglie, peraltro con interessi altissimi.

Se sei un tipo che non riesce a resistere a queste tentazioni allora è vivamente consigliato uno dei numerosi **programmi di gestione**

per il bilancio familiare che ti consentiranno di amministrare le tue finanze e quelle della tua famiglia. Ci sono soluzioni per tutti i gusti e per tutte le tasche: alcuni software gratuiti ti consentono di gestire i movimenti in entrata e in uscita, impostare scadenze e programmare le spese a lungo termine; altri ti permettono di condividere il tuo account con tutti i membri della famiglia e di gestire le spese nei minimi dettagli.

C'è solo l'imbarazzo della scelta. La cosa più saggia, allora, non sarebbe imparare a risparmiare, come ai vecchi tempi mettendo qualche soldo nel barattolo dei biscotti e rimandando qualche spesa a quando ce la si può permettere? Probabilmente, molti di noi si chiedono il motivo per cui non riusciamo a risparmiare, come sappiamo che dovremmo fare. Perché non riusciamo a resistere all'impulso di comprare qualcosa? Perché non riusciamo a esercitare un po' del buon vecchio e sorpassato autocontrollo?

Si dice che la strada per l'inferno è lastricata di buoni propositi e molti di noi sanno di cosa stiamo parlando. Ci ripromettiamo di risparmiare per la pensione, ma spendiamo il denaro per la vacanza. Vorremmo metterci a dieta, ma cediamo al fascino della carta del dessert. Ci ripromettiamo di controllare regolarmente il valore del colesterolo e poi annulliamo l'appuntamento per gli esami del sangue. Quanto si perde quando gli impulsi passeggeri ci distolgono da un obiettivo a lungo termine?

Quanto si riduce la nostra ricchezza quando dimentichiamo le promesse di risparmiare e consumare di meno?

In altri termini, perché perdiamo così spesso la lotta contro la nostra tendenza a procrastinare?

Il problema principale è che quando le emozioni si impossessano di noi ci fanno vedere il mondo da una prospettiva diversa. Quando ci ripromettiamo di risparmiare siamo freddi e prendiamo le decisioni in maniera razionale. Ma poi ci investe la lava ardente delle emozioni e proprio quando abbiamo deciso di risparmiare, vediamo un'auto nuova, una mountain bike o un paio di scarpe a cui non possiamo rinunciare.

Chiaramente abbiamo dei problemi di autocontrollo, legati alla gratificazione immediata piuttosto che a quella differita. Come superare questa debolezza così diffusa? Resistere alle tentazioni ed esercitare l'autocontrollo sono obiettivi generali e fallire ripetutamente il loro raggiungimento è una grande causa di infelicità. Siamo circondati da gente che lotta per controllarsi.

Anzitutto occorre riconoscere e ammettere questa debolezza in modo da poter utilizzare eventuali strumenti al fine di fissare un vincolo preventivo. Occorre dotarsi di uno strumento per potersi vincolare in anticipo in funzione delle scadenze.

Se non siamo capaci di risparmiare, è utile impostare un deposito diretto dalla busta paga in un conto di risparmio dedicato.

Oppure puoi creare un **MOOSE.** Questo acronimo sta per "Monthly Out-Of-Sight Expense", ovvero spese mensili create *ad hoc* con lo scopo di risparmiare 10, 20, 100 euro o quanto possa consentire il tuo flusso di cassa, in modo da creare un tesoretto utilizzabile per le spese future.

Per raggiungere questo obiettivo la parola chiave è **automatismo.**

A questo punto sento già le voci di chi sta gridando: ma io non ho un centesimo da destinare al risparmio. Rifletti un attimo: sei proprio sicuro di non riuscire a mettere da parte neanche un euro al giorno, di non avere soldi a sufficienza da gestire?

Forse stai guardando dalla parte sbagliata del telescopio.

Non ha senso dire "quando avrò molti soldi, inizierò a gestirli" quanto piuttosto "quando inizierò a gestire i soldi, ne avrò molti". Ti invito a rivedere con maggiore attenzione i tuoi costi:

- Sulla spesa
- Sulla banca
- In famiglia
- Sulla casa
- Ecc.

Sono sicuro che riuscirai a contenere gli sprechi e mettere qualcosa da parte. In questi casi è assolutamente consigliato preparare un budget, magari evitando le solite vecchie scuse tipo: non sono bravo in matematica, odio tenere i conti, non sono portato per i numeri, non ho frequentato l'università, la vita è troppo breve e preferisco godermela finché posso, ecc.

La verità è che potrai goderti la vita in futuro se ti occupi ora delle tue finanze. Inizia a lavorare ogni giorno per un'ora a un tuo progetto che possa nel tempo farti avere un'entrata extra, magari un'entrata automatica. Nel frattempo, pianifica gli acquisti, ad esempio dei biglietti aerei (prima decidi minore sarà il prezzo), confronta i prezzi, compra all'ingrosso, ecc.

In altre parole, gestisci le uscite, evitando gli sprechi in modo che, a fine mese, ti resti qualcosa. Questo surplus è il segreto per la crescita finanziaria: è la porzione di denaro che puoi investire. Non importa che attualmente possiedi una fortuna o nulla. Quello che conta è che inizi subito a gestire quello che hai. **No, scuse.**

Il problema è che la gente non crede che il futuro sia reale. Per questo è difficile risparmiare per il futuro anche quando sappiamo che risparmiare può fare la differenza.

Devi rendere automatico il tuo risparmio.

Il percorso è semplice: accumula i soldi risparmiati fino a quando non raggiungi una cifra prestabilita, trasferiscili sul conto corrente dei risparmi a lungo termine e da lì spostali nella riserva destinata agli investimenti, da dove verranno smistati in diversi progetti. Ripeti il processo all'infinito.

Come specie, non solo siamo programmati per scegliere l'oggi rispetto al domani, ma odiamo provare la sensazione che ci stiamo perdendo qualcosa e quindi lo evitiamo, non la facciamo.

Risparmiare dà l'impressione di rinunciare a qualcosa, di perdere qualcosa oggi; ma non è così.

Infine, parliamo dell'Investimento.

Ho un problema: ho dei soldi da parte ma non so dove investirli. Chiariamo subito che avere dei soldi da investire non è un problema, ma una grande opportunità a patto di conoscere la materia. Probabilmente questo accade perché pensiamo che ci siano decisioni difficili da prendere visto che entriamo in una materia – quella della finanza e degli investimenti – che non conosciamo e di conseguenza abbiamo paura di commettere errori.

Proseguiamo quindi questo viaggio con un preciso obiettivo: investire al meglio i nostri soldi.

Cerchiamo di inquadrare il concetto.

Molto risparmio ma poco investimento: questa è la realtà italiana, ovvero tanta fatica per nulla; infatti, siamo bravi a risparmiare ma poi teniamo i soldi nel conto corrente con il risultato di un progressivo impoverimento delle nostre risorse.

Oggi non basta più essere delle diligenti formiche, bisogna essere anche bravi investitori. Gli impietosi numeri contenuti in una recente ricerca confermano quanto detto: cento euro investiti da un italiano nel 2003 sarebbero diventati 124 nel 2017 con un rendimento del +24%. Con gli stessi 100 euro iniziali un finlandese avrebbe ottenuto 221 euro a fine periodo, per un rendimento del +121%. Perché tutta questa differenza? Mentre i finlandesi hanno dedicato quote rilevanti dei loro risparmi all'investimento sui mercati azionari, gli italiani hanno scelto in maggior misura liquidità e titoli di Stato o, peggio ancora, in improduttivi e costosi conti correnti.

Essere risparmiatori disciplinati è importante ma oggi non è sufficiente; infatti, sostiene questa ricerca *"da qualche anno viviamo in un contesto di bassi tassi di interesse. I tradizionali asset sicuri, come le obbligazioni (tipicamente i nostri titoli di Stato) o i depositi bancari, non rendono quasi nulla. È comprensibile che in periodi di elevata incertezza molti risparmiatori scelgano il rifugio sicuro e la liquidità, tenendosi lontani dai mercati azionari. Il risultato della scelta è però opposto a quello desiderato: alla fine ci si ritrova più poveri".*

Naturalmente anche nel confronto con altri Paesi il risultato è abbastanza simile: i risparmiatori di questi Paesi fanno fruttare il loro denaro lasciandolo investito in maggiore misura sui mercati azionari facendo lavorare i soldi per loro.

Noi invece corriamo a destra e a manca per risparmiare fino all'ultimo centesimo e poi lo mettiamo a riposare in un comodo conto corrente.

Il risultato? In questo modo siamo noi a lavorare per i soldi.

Al danno si aggiunge la beffa perché ci perdiamo anche il beneficio dell'interesse composto, ossia il guadagno derivante dagli interessi sugli interessi (ne parleremo dopo), un concetto sconosciuto alla maggioranza degli italiani che dovrebbe essere insegnato già ai bambini delle scuole elementari.

Peraltro, più in generale, l'incidenza della liquidità comincia a pesare notevolmente sulla crescita delle attività finanziarie del

Paese. Prendere atto di questo dato è fondamentale per guardare al futuro con un'ottica diversa.

Iniziamo dal definire cosa si intende per **liquidità.**

In termini strettamente finanziari, la parola "liquidità" si riferisce alle disponibilità finanziarie depositate in banca sui conti correnti, conti deposito e depositi postali. Tuttavia, contrariamente a quanto si pensi, questa forma di investimento non è priva di rischi in quanto gli istituti di credito non riconoscono più alcun tasso di interesse e il capitale, in questo caso, resta completamente esposto all'inflazione che, nel corso degli anni, tende a erodere il capitale parcheggiato.

Per contrastare, almeno in parte, in maniera efficace l'inflazione il miglior modo è investire la liquidità eccedente al fabbisogno personale o familiare. Ma come si fa a stabilire il livello di liquidità extra? Conoscendo quelle che sono le nostre spese mensili e accantonando una quota per le emergenze, il rimanente può essere tranquillamente dirottato verso impieghi più redditizi.

Al momento la crescita dei prezzi al consumo, almeno dai dati ufficiali, è minima, ma indipendentemente dal tasso del momento, la soluzione è quella di cercare di ottenere un rendimento annuo ben superiore al tasso di inflazione.

Lasciando, invece, i risparmi parcheggiati in banca e ipotizzando in media una crescita dei prezzi al consumo del 2%, con 1.000 euro depositati in un conto corrente che paga un tasso di interesse pari quasi a zero, l'anno dopo il correntista si ritroverà con 1.000 euro; ma per avere lo stesso potere d'acquisto di un anno prima ne servirebbero 1.020 di euro. Insomma, l'inflazione è il nemico principale di ogni risparmiatore.

Purtroppo, l'inflazione non risparmia nessuno e anche il pensionato che vive con i propri risparmi non potrà mantenere gli stessi standard di vita, tenuto conto che questo deprezzamento indebolisce il suo potere d'acquisto ogni anno. Ma anche chi mette da parte una fetta del proprio salario con un preciso obiettivo, per esempio finanziare gli studi universitari del figlio o comprare una casa, vedrà il suo potere di acquisto scendere mentre si stanno risparmiando soldi.

Per questa ragione è fondamentale avere un'educazione finanziaria di base per poter pianificare una strategia di investimento che possa almeno combattere gli effetti erosivi dell'incremento dei prezzi. Chiaramente investire in qualsiasi altra cosa comporta dei rischi; ma ci sono investimenti che hanno livelli di rischio tollerabili anche per i meno propensi al rischio. Nel capitolo successivo analizzeremo in dettaglio le varie tipologie di investimento.

Qualche tempo fa il Sole24ore titolava "Conti Correnti, la tassa occulta da 10 miliardi sui risparmi degli italiani" nel quale si leggeva: *"I risparmiatori italiani continuano a navigare in un mare di liquidità"*. Secondo gli ultimi dati di Bankitalia ci sono quasi 1.400 miliardi tra conti correnti, depositi e biglietti in circolazione e il trend è in costante crescita.

Il massiccio intervento delle banche centrali dell'ultimo decennio con i tassi spinti a zero ha determinato rendimenti nulli anche per i conti correnti. La conseguenza è che l'assenza di alternative remunerative a rischio zero, spinge i risparmiatori a tenere i soldi sul conto. La scarsa conoscenza presso il pubblico di prodotti alternativi ai buoni fruttiferi e conti deposito porta a lasciare i soldi sul conto senza pensare ai costi occulti dell'inflazione e ai mancati guadagni con altre strategie più efficienti.

Il risparmiatore medio snobba l'impatto del rialzo dei prezzi che, anche se abbastanza contenuto, continua a lavorare in silenzio.

Mettendo i risparmi sotto il materasso il problema è che il rendimento di facciata ottenuto è pari al rischio corso: zero. In realtà, andando a scavare, si scopre che ogni anno si perde il valore dell'inflazione e nel giro di dieci anni si può arrivare a perdere il 20% a livello reale.

A questo punto qualcuno già starà pensando: "ok, dimmi come devo investire i miei 1.000 euro cosi ci sbrighiamo", commettendo in questo modo il passo falso più comune di chi inizia a investire.

L'unica risposta che posso darti adesso è di tenere quella somma in contanti, in quanto non va sottovalutato il rischio di avvicinarsi alla finanza con approcci del tutto scorretti.

Niente ti rivela quanto tu non sia pronto a investire come chiedere consiglio in merito a un titolo sul quale impiegare il tuo denaro e, probabilmente, denota che ti manca anche una sufficiente consapevolezza dei tuoi obiettivi a breve e lungo termine.

Guadagnarsi il "diritto di investire", vuol dire aver superato l'associazione automatica fra investimento e speculazione a breve termine.

Quando avrai finalmente conquistato il diritto a investire, molto probabilmente ciò coinciderà con la scelta di investimenti strategici, disciplinati e diversificati tra medio e lungo termine.

Una cosa è certa: dobbiamo cambiare le nostre abitudini di investimento. Iniziamo allora con una mappa che ci aiuti a trovare la giusta strada per noi e per il nostro denaro. Prima di investire dovremmo:

- Approfondire il programma di investimento
- Avere un orizzonte temporale
- Conoscere il livello di rischio ritenuto accettabile
- Valutare il costo opportunità di lasciare sul proprio conto/corrente un eccesso di liquidità rispetto alle proprie esigenze

Una volta avevamo i titoli di Stato e gli immobili; scelte semplici e scontate. Oggi lo scenario è completamente cambiato su entrambi i fronti: si pensi ai tassi quasi a zero sui titoli obbligazionari o al calo dei prezzi degli immobili.

Occorre spostare i nostri soldi dove ci sono i rendimenti, anche se sono ambienti nuovi; ma nei capitoli successivi impareremo a conoscerli.

Risparmiare o investire: quando è meglio fare l'uno o l'altro.

Quando risparmiare e quando investire? È una domanda che si pongono in molti visto che sia il risparmio sia l'investimento di denaro sono entrambi essenziali per raggiungere i propri **obiettivi finanziari.**

Il concetto di **risparmio** possiamo assimilarlo a: basso rischio, basso rendimento; sicurezza; accesso immediato al denaro; ideale per obiettivi a breve termine. Parola d'ordine: sicuro e protetto.

Investire possiamo identificarlo con il concetto: maggiore rischio ma anche rendimento potenzialmente maggiore; nessuna sicurezza; accesso non immediato al contante: ideale per obiettivi a lungo termine. Parola d'ordine: rischio e ricompensa.

Conoscere quale strategia utilizzare può fare la differenza visto che alcuni obiettivi possono essere raggiunti solo facendo crescere i propri investimenti, mentre altri richiedono la sicurezza di un conto di risparmio. Indubbiamente, quando risparmiare e quando investire dipende dal proprio obiettivo finanziario, dai tempi e dalla quantità di rischio che si è disposti a correre.

Come regola generale, dovreste risparmiare quando il vostro obiettivo finanziario è a meno di tre anni di distanza per non incorrere in molti rischi con il vostro denaro. Investire è raccomandato quando il vostro obiettivo ha un orizzonte temporale più lungo e siete disposti ad assumervi un rischio maggiore a fronte di un rendimento potenziale più elevato.

Prima di continuare ritengo necessario accennare a due concetti fondamentali che bisogna assolutamente conoscere prima di iniziare quest'attività:

- **Il potere dell'interesse composto e il fattore tempo**
- **La legge della rovina statistica**

Iniziamo dal primo punto. Albert Einstein ha definito questo concetto (quello del cosiddetto *"compound interest"*) **"la scoperta matematica più importante di tutti i tempi. Chi lo comprende, lo guadagna. Chi non lo comprende, lo paga"**.

Il tempo è l'asset di gran lunga più importante che abbiamo nel nostro arsenale di investimento, ma nessuno crede di averne abbastanza. Allora proviamo a sfruttarlo.

Per capire la potenza del fattore tempo combinato con l'interesse composto, partiamo da lontano. Ipotizziamo che a 25 anni iniziamo a investire 10.000 euro al tasso medio annuo del 6% e di aggiungere 100 euro al mese che investiamo insieme agli interessi maturati. Dopo 40 anni (che è all'incirca il periodo della nostra vita lavorativa) avremo pressappoco 300.000 euro avendone messi via solo 58.000; altri 10 anni e siamo già a 580.000.

Ciò ci permetterebbe di avere una discreta pensione integrativa. Se invece di 100 ne mettiamo 200 al mese in appena 20 anni siamo a 150.000 euro. Il tempo e gli interessi composti lavorano per noi. Pensate che siano troppi 20 anni? Allora compratevi una schedina del SuperEnalotto.

All'inizio vi sembrerà che il vostro capitale non cresca, ma date il tempo ai guadagni ottenuti di crescere a loro volta e i vostri soldi aumenteranno a dismisura (la famosa legge dell'interesse composto). Warren Buffett ebbe a dire che il vero segreto della sua ricchezza era, più di ogni altro aspetto del suo talento, l'utilizzo del **tasso d'interesse composto**. Il principio, in sé, non è complesso: se ogni reddito prodotto dall'investimento produce a sua volta interessi, la crescita del patrimonio non sarà costante, ma tenderà ad accelerare nel tempo. Perché dico questo? Così non facciamo come la maggior parte delle persone che operano sui mercati che sono fuori tempo, cioè vogliono raddoppiare il capitale in pochi giorni o settimane, cercando di battere il tempo. Aumentano l'aggressività nei loro investimenti e sprecano una quantità incredibile di tempo e di energie con conseguenze spesso disastrose.

Esiste quindi una strada per l'indipendenza economica e non è mai troppo tardi per partire con un piano finanziariamente corretto. Quanto guadagno aspettarci? Dipende dall'esperienza e dal tempo che ci si dedica, ma all'inizio dobbiamo considerare questa attività come una rendita secondaria e solo successivamente come una rendita primaria. L'importante è non avere fretta.

Vi consiglio di scaricarvi una qualsiasi applicazione sull'interesse composto, per fare qualche simulazione in modo che possiate rendervi conto di quanto sia potente questo strumento e dell'importanza di iniziare a investire presto; provate a fare i calcoli solo posticipando di un anno l'inizio e controllate la differenza sul capitale finale. Naturalmente le possibilità di guadagno possono variare di molto intervenendo su ciascuna variabile, non resta che effettuare la simulazione più in linea con i propri obiettivi e le proprie possibilità. Questa semplice tabella mostra quanto è necessario investire ogni mese, a seconda di un dato tasso di rendimento, per diventare milionario dopo 25 anni.

Capitale accumulato dopo 25 anni							
		tasso annuale di rendimento					
		4%	5%	6%	7%	8%	9%	10%
	250	128.535	148.881	173.254	202.526	237.769	280.298	331.733
	500	257.069	297.762	346.508	405.052	475.538	560.596	663.467
	750	385.604	446.643	519.762	607.579	713.306	840.894	995.200
	1.000	514.139	595.524	693.016	810.105	951.075	1.121.195	1.326.933
Investimento Mensile	1.250	642.673	744.405	866.270	1.012.631	1.188.844	1.401.490	1.658.666
	1.500	771.208	893.286	1.039.524	1.215.157	1.426.613	1.681.788	1.990.400
	1.750	899.742	1.042.167	1.212.778	1.417.684	1.664.381	1.962.086	2.322.133
	2.000	1.028.277	1.191.048	1.386.032	1.620.210	1.902.150	2.242.384	2.653.866
	2.250	1.156.812	1.339.929	1.559.286	1.822.736	2.139.919	2.522.682	2.985.599
	2.500	1.285.346	1.488.810	1.732.540	2.025.262	2.377.688	2.802.980	3.317.333
	2.750	1.413.881	1.637.691	1.905.794	2.227.788	2.615.456	3.083.278	3.649.066
	3.000	1.542.416	1.786.572	2.079.049	2.430.315	2.853.225	3.363.576	4.013.664

Guardando i dati inseriti nel grafico, come si può notare se all'inizio non si dispone di molto denaro, si dovrà necessariamente puntare su un tasso di rendimento alto.

Se al contrario si dispone di un po' di denaro, si può puntare a un tasso di rendimento annuale più basso.

Ma, anche se ci si ferma a 500.000 €, bastano 500 € al mese per 30 anni al tasso del 6% per assicurarsi una discreta pensione complementare.

Oppure se si riesce a iniziare a 25 anni ci si potrà ritrovare a 65 anni, mettendone da parte 250 al mese, con 500.000 €.

La ricchezza significa cose diverse per persone diverse, e per molte persone può sembrare sconcertante o fuori portata; ma si può usare questa tabella di riferimento per tracciare quale sia il proprio **obiettivo di ricchezza** e come arrivarci.

La legge della rovina statistica.

Ricordo le due regole fondamentali di investimento di Warren Buffet:

- Regola n.1: non perdere soldi
- Regola n. 2: vedi regola n. 1

La legge della rovina statistica dice semplicemente:

La possibilità di recupero del valore iniziale del capitale perduto è inversamente proporzionale alla perdita.

Mi spiego con un esempio: se parto con un capitale iniziale di 1.000 euro e perdo il 50% rimango con 500 euro. Se riesco a riguadagnare la stessa percentuale (50%) che ho perso alla fine avrò 750 euro.

Per ritornare al mio capitale iniziale dovrò quindi guadagnare non il 50 ma il 100%.

Più in generale, quando perdo devo realizzare una performance percentuale decisamente superiore a quella che ho appena perso. Occorre che tu abbia ben chiaro questo concetto matematico che è alla base dell'erosione progressiva del tuo patrimonio.

La tabella che segue ci fa rendere conto di quello che abbiamo detto.

Perdita	% di recupero per riacquistare il capitale
10%	11%
25%	33%
30%	43%
50%	100%
60%	150%
75%	400%
90%	900%

Quando si perde denaro (o si preleva del denaro) ci si ritrova con un capitale inferiore con cui lavorare e se ne perdiamo (preleviamo) tanto potremmo seriamente compromettere la possibilità di proseguire la nostra attività di investitore.

Ecco perché le tecniche di protezione del capitale sono di gran lunga più importanti di tutte le altre e non devono essere in alcun modo disattese.

Deve essere chiaro che il punto fondamentale da tenere a mente è la protezione e la salvaguardia del capitale, attraverso la diversificazione degli investimenti e il frazionamento in quote del capitale da investire in ogni singola operazione. Questo è molto più importante che la ricerca frenetica del guadagno.

In conclusione, il concetto fondamentale per investire con successo è semplice: **far crescere i tuoi risparmi fino al punto in cui gli interessi dei tuoi investimenti generano un reddito sufficiente per sostenere il tuo stile di vita senza dover lavorare.**

In questa circostanza ci sono due fasi: l'accumulazione, in cui metti da parte soldi per la crescita fino a raggiungere la massa critica, e la distribuzione, in cui ritiri reddito. Lo scopo?

Non sopravvivere ai nostri soldi.

Un consiglio? Una strategia giusta può farti risparmiare la risorsa più preziosa di tutte: il tempo. Se incominci con un piano già testato, valido, puoi letteralmente convertire decenni di fatica in pochi giorni di successo. Tu puoi ottenere risultati in pochi giorni, anziché in anni, imparando dalle persone che hanno già avuto successo. Perché reinventare la ruota?

Per quale ragione non conosciamo i fondamenti della nostra situazione finanziaria? La prima riflessione è che le persone hanno paura di sapere. È come salire sulla bilancia: sai che sei ingrassato, ma non vuoi sapere quanto. Non si può gestire la propria salute se non la misuri e lo stesso vale per le tue finanze.

Non puoi raggiungere i tuoi obiettivi finanziari se non sai esattamente quello che ti serve per arrivarci.

Se dentro di te decidi con assoluta certezza che "ce la farò" e incominci a elaborare un piano, succede che cominci a sviluppare la certezza di potercela fare. L'obiettivo penetra nel subconscio e si mette al lavoro per trasformare i sogni in realtà.

Concludiamo questo primo capitolo riepilogando i punti principali.

Spero anzitutto che sia chiaro il concetto che non si deve essere un genio della finanza per essere finanziariamente libero. Allora iniziamo a rispondere a queste domande:

- Stai creando un impero o ti stai imprigionando sempre di più?
- Stai costruendo un sistema o lavorando a un sistema altrui?
- Sei disciplinato anche nelle tue spese?
- Sei convinto che per vincere nella vita bisogna avere il controllo delle proprie finanze?

Riepiloghiamo le regole fondamentali del buon risparmiatore condivise da molti esperti del settore:

- Mai spendere più di quello che guadagni
- Non indebitarti mai se non hai i mezzi per ripagare in fretta il debito, in modo da non accumulare interessi onerosi
- Non comprare nulla che non ti puoi permettere almeno 10 volte
- Lavora ogni giorno a un tuo progetto di business
- Prima di acquistare Passività crea Attività. Esci dalla gara dei dipendenti su chi è più schiavo e acquista più cose. Diventa un produttore, non un consumatore

- Ogni anno metti via a scopo di investimenti in attività almeno il 10% dei guadagni
- Cerca di massimizzare il valore da beni non tassabili e minimizzare il tuo reddito tassabile
- Evita il confronto, il lusso, l'invidia, l'avarizia
- Servi le altre persone
- Non aspettare, prima crea. La speranza non è un piano
- Leggi libri sulla finanza personale, sul business, e sull'economia in generale e diventa una macchina per l'apprendimento, assorbi quante più informazioni puoi
- Pensa a lungo termine

Questo set di regole deve diventare l'obiettivo principale di ciò che possiamo definire la "disciplina dell'investimento", che prende avvio proprio dall'importanza di conoscere sé stessi.

Non è affatto un avvio forzato; anzi, è proprio il punto corretto d'inizio del tuo percorso d'investitore consapevole.

Riepilogo del capitolo 1:

- Segreto n. 1: qualsiasi attività senza una corretta pianificazione è quasi sicuramente fallimentare.

- Segreto n. 2: nel momento in cui giornalmente facciamo delle spese, stiamo decidendo dove indirizzare il nostro denaro, verso una spesa o verso un risparmio.

- Segreto n. 3: inizia a lavorare ogni giorno per un'ora a un progetto tuo che possa nel tempo farti avere un'entrata extra, magari un'entrata automatica.

- Segreto n. 4: la svalutazione del capitale monetario erode costantemente parte del patrimonio.

- Segreto n. 5: **risparmiate** quando il vostro obiettivo finanziario è a meno di tre anni di distanza, per non incorrere in potenziali perdite. **Investite** quando il vostro obiettivo ha un orizzonte temporale più lungo e siete disposti ad assumervi un rischio potenziale più elevato a fronte di un maggiore rendimento.

Capitolo 2:
Il quadro d'insieme

Prima di iniziare lo studio delle principali tematiche relative agli investimenti, ritengo sia indispensabile conoscere e capire il funzionamento dei mercati nei quali le attività finanziarie vengono cambiate in modo da:

- Aver compreso il concetto di investimento
- Essere consapevoli dei principali fattori che determinano i rendimenti

Ti avverto che sarà un capitolo "pesante" dove ti chiedo un maggiore impegno, magari ritornando sullo stesso concetto una seconda volta; ma devi conoscere i concetti di inflazione, volatilità, tassi di interesse e altro per capire quale impatto possano avere sui tuoi risparmi e sulla tua vita. Ma quale può essere una definizione di investimento ampia e semplice?

Investimento = consumo differito nel tempo

Le pensioni sono un classico esempio di consumo differito. Quando ai dipendenti non viene dato tutto lo stipendio, ma ne viene trattenuta una parte per la pensione, essi stanno differendo i loro consumi nel tempo. Allo stesso modo, quando si acquistano titoli obbligazionari, azionari, o altre attività finanziarie, si stanno differendo i propri consumi, e quindi investendo.

A prescindere da altri fattori gli individui preferiscono generalmente i consumi correnti a quelli futuri. Per indurre le persone a impiegare il proprio denaro (a differire il consumo), un possibile investimento deve offrire un tasso di rendimento positivo. Ciò permetterà all'investitore di avere una maggiore ricchezza futura e quindi opportunità di consumo future più ampie delle presenti, opportunità che servono da incentivo al differimento dei consumi.

Tuttavia, all'interno di questo processo non possiamo non considerare due importanti elementi:

- Gli effetti dell'inflazione
- Il rischio dell'investimento

Supponiamo che il nostro investimento ci renda il 2% l'anno, e che l'inflazione prevista per il prossimo anno sia del 2%. Se così fosse, fra un anno serviranno 102 euro per acquistare la stessa quantità di beni che oggi si comprano con 100 euro. Le opportunità di consumo futuro offerte da un investimento che garantisce un tasso nominale del 2% non saranno maggiori delle opportunità di consumo corrente.

Vale a dire che **il tasso reale di rendimento** dell'investimento è pari a zero.

Tasso nominale = un dato tasso di mercato
Tasso reale = tasso nominale al netto del tasso di inflazione

Adesso aggiungiamo il **rischio**.
Generalmente si ritiene che i titoli di Stato siano privi di rischio, poiché la possibilità che non vengano pagati gli interessi pattuiti, o rimborsato il capitale, è pressoché nulla. In realtà non è così per tutti gli Stati e a maggior ragione per i titoli obbligazionari delle società private.

Il fattore rischio deve essere tenuto nella giusta considerazione nelle proprie decisioni di investimento. La regola generale è che all'aumentare del rischio deve corrispondere un aumento del tasso di interesse corrisposto dall'ente emittente, premio per il rischio che va ad aggiungersi al tasso reale.

Ricapitolando, il rendimento complessivo di un'obbligazione può essere approssimativamente scomposto nei seguenti fattori:

- Le attese sull'inflazione futura perché chi compra il bond non vuole che il guadagno sia eroso dall'inflazione
- Il rendimento reale atteso che compensa l'obbligazionista per l'indisponibilità del denaro
- Il premio al rischio di *default* che remunera chi acquista l'obbligazione per il rischio di non vedersi restituito il denaro

Avremo modo di tornare in maniera più approfondita su quest'ultimo importante aspetto del rischio.

Approfondimento 1 – L'inflazione

Possiamo definire l'inflazione (o più correttamente tasso di inflazione), la crescita nel tempo del livello generale dei prezzi dei beni di consumo e dei servizi che le persone normalmente acquistano.

Quando vi è inflazione ovvero quando questo numero indice sale, ad esempio, da un anno all'altro vuol dire che si verifica una diminuzione progressiva del potere di acquisto (cioè del valore) della moneta.

In altri termini, con la stessa somma di denaro si acquisteranno meno beni e servizi.

Al contrario, qualora si verificasse che detto numero indice diminuisse avremo il fenomeno inverso della **deflazione**. Fenomeno della riduzione generale dei prezzi, fortunatamente abbastanza raro in quanto ha effetti deleteri sui consumi.

Rappresenta cioè un freno alla spesa per consumatori e aziende che, in regime di deflazione, sono incentivati a posporre gli acquisti di beni e servizi non indispensabili. Chi comprerebbe un bene non indispensabile sapendo che domani costerà di meno?

Per comprendere meglio l'effetto dell'inflazione sui titoli a reddito fisso, riporto un articolo di qualche tempo fa pubblicato su Wall Street Italia dal titolo non tanto provocatorio: *"Vuoi che i tuoi soldi rendano qualcosa? Allora devi investire in titoli a cent'anni di durata"*.

Sembra una barzelletta, ma purtroppo non lo è affatto. Basta guardare la tabella sotto per comprendere come, per avere rendimenti positivi, che vanno dall'1,071 al 9,494 dell'Argentina, bisognerebbe sottoscrivere titoli centenari.

Regione	Nominale*
Irlanda	1,134
Belgio	1,153
Austria	1,071
Messico	5,263
Argentina	9,494

Tuttavia, se si tiene conto anche dell'inflazione ecco che, nonostante i 100 anni di durata, la redditività dei titoli, in alcuni casi, viene completamente cancellata.

RENDIMENTI BOND 100 ANNI

Regione	Nominale*	Reale	Inflazione**	
Irlanda	1,134	0,034	1,10	Cpi armonizzato UE
Belgio	1,153	-0,577	1,73	Cpi
Austria	1,071	-0,529	1,60	Cpi
Messico	5,263	1,313	3,95	Cpi
Argentina	9,494	-46,306	55,80	Cpi nazionale

* prezzo bid
** ultimi dati disponibili

*per prezzo Bid si intende il prezzo al quale può essere acquistato un bene o un'attività finanziaria, mentre il Cpi armonizzato UE, indica l'indice dei prezzi al dettaglio utilizzato per confrontare fra loro le cifre dell'inflazione dei paesi europei.

In ogni caso, per approfondire determinati termini tecnici, consiglio di consultare il glossario finanziario di Borsa Italiana.

Come riportato nella tabella sopra, il caso più eclatante è quello Argentino, dove a fronte di un rendimento annuo del 9,494%, dovendo far fronte a un'inflazione galoppante che oggi è al 55,8% finisce per fornire un rendimento negativo del -46,306%.

Anche se ci spostiamo su scadenze più umane (fino ai 30 anni), le cose non cambiano di molto come si vede dalla tabella riportata sotto, presa sempre dallo stesso articolo.

RENDIMENTI NOMINALI

REGIONE	1 ANNO	2 ANNI	3 ANNI	5 ANNI	7 ANNI	10 ANNI	15 ANNI	30 ANNI
Americhe								
Stati Uniti	1,962	1,842	1,810	1,839	1,940	2,067		2,598
Canada	1,707	1,434	1,418	1,373	1,411	1,457		1,716
EMEA								
Regno Unito	0,593	0,481	0,437	0,481	0,542	0,699	1,062	1,351
Francia	-0,640	-0,720	-0,725	-0,589	-0,402	-0,117	0,256	0,863
Germania	-0,701	-0,782	-0,797	-0,681	-0,608	-0,374	-0,185	0,224
Italia	-0,139	-0,080	0,341	0,769	1,122	1,514	2,058	2,633
Spagna	-0,468	-0,514	-0,470	-0,271	0,008	0,324	0,791	1,322
Portogallo	-0,427	-0,583	-0,396	-0,263	0,050	0,404	0,790	1,341
Svizzera	-0,997	-1,044	-1,043	-0,981	-0,841	-0,730	-0,451	-0,130
Asia/Pacifico								
Giappone	-0,189	-0,220	-0,226	-0,249	-0,256	-0,163	0,026	0,342

Infatti, non è facile trovare molti rendimenti di color verde, cioè positivi, già senza considerare l'inflazione. Se applichiamo, nazione per nazione, il costo della vita relativo a quel Paese, la situazione si aggrava ancora di più.

RENDIMENTI REALI

REGIONE	1 ANNO	2 ANNI	3 ANNI	5 ANNI	7 ANNI	10 ANNI	15 ANNI	30 ANNI	INFLAZIONE	
Americhe										
Stati Uniti	-0,148	-0,258	-0,290	-0,261	-0,160	-0,033		0,498	2,1	cpi core*
Canada	-0,493	-0,766	-0,782	-0,827	-0,789	-0,743		-0,484	2,2	cpi core mediana*
EMEA										
Regno Unito	-1,207	-1,319	-1,363	-1,319	-1,258	+1,101		-0,449	1,8	cpi core*
Francia	-2,040	-2,120	-2,125	-1,989	-1,802	-1,517		-0,537	1,4	cpi armonizzato ue*
Germania	-2,201	-2,282	-2,297	-2,181	-2,108	-1,874		-1,276	1,5	cpi armonizzato ue*
Italia	-0,939	-0,880	-0,459	-0,031	0,322	0,714		1,833	0,8	cpi armonizzato ue*
Spagna	-1,068	-1,114	-1,070	-0,871	-0,592	-0,276		0,722	0,6	cpi armonizzato ue*
Portogallo	-1,127	-1,283	-1,096	-0,963	-0,650	-0,296		0,641	0,7	cpi armonizzato ue*
Svizzera	-1,697	-1,744	-1,743	-1,681	-1,541	-1,430		-0,830	0,7	cpi core*
Asia/Pacifico										
Giappone	-0,689	-0,720	-0,726	-0,749	-0,756	-0,663		-0,158	0,5	cpi core*

* ULTIMI DATI DISPONIBILI

Una situazione di tassi bassi che non sappiamo per quanto tempo ancora potrà durare ma, attualmente, non ci sono segnali di rialzi dei tassi e forse non ci saranno ancora per molto tempo.

La conclusione è che bisognerà necessariamente considerare la necessità di adottare nuove strategie d'investimento, studiare nuove modalità d'impiego che non continuino a distruggere valore invece che a costruirne.

I Mercati Finanziari

Un concetto chiave nella disciplina finanziaria è quello di comprendere il funzionamento del **mercato finanziario**: esso non è altro che il luogo in cui avvengono gli scambi degli strumenti finanziari. Non si tratta più di luoghi fisici ma di piattaforme informatiche dove si incrociano le proposte di acquisto e di vendita di strumenti finanziari immessi nel sistema telematicamente. Oggi, grazie a internet, tutto si svolge a distanza, all'interno di piattaforme web dove ciascuno è libero di accedere contemporaneamente a più mercati finanziari.

Il settore della finanza è oggi digitale, il vero luogo degli scambi sono i data center dove le informazioni si "incontrano" e si "scambiano".

Inoltre, i principali mercati finanziari sono regolati da normative nazionali e da leggi internazionali, seguono regole di economia e si può operare unicamente attraverso gli intermediari e solo in alcuni casi è possibile operare quasi direttamente.

Ogni **mercato finanziario** ha una propria struttura organizzativa e delle regole precise all'interno delle quali si muovono i soggetti economici ed è caratterizzato da un'attività di vigilanza che, di norma, viene espletata da un'autorità di controllo preposta al corretto funzionamento del luogo in cui avvengono gli scambi.

Possiamo suddividere il mercato sostanzialmente in quattro macroaree:

- Mercato azionario (azioni di società, ETF, covered warrrant, ecc.)
- Mercato obbligazionario (titoli di Stato, aziende private, ecc.)
- Mercato delle materie prime (oro, petrolio, platino, ecc.)
- Mercato valutario (Forex)

Questi sono i contenitori che assorbono la quasi totalità dei risparmi e degli investimenti finanziari a livello internazionale. Ognuno dei quattro comparti ha regole proprie, ma tra loro esistono inevitabilmente delle connessioni. Lo studio delle relazioni che possono svilupparsi tra tutti i mercati finanziari viene chiamata **analisi intermarket**. Vediamo di capire come funziona.

È come se i mercati finanziari fossero un enorme reticolo, un network che si muove con regole tutto sommato elementari e dove alla fine tutto riconduce a un principio basilare: **a maggiori rischi devono corrispondere maggiori rendimenti.**

In fondo i soldi da qualche parte devono andare e i grandi flussi finanziari, a causa del loro potenziale impatto, non possono cambiare strada con troppa rapidità.

Ecco allora che si creano delle tendenze di mercato e l'analisi intermarket aiuta a capire cosa succede intorno a noi: uno strumento alla portata anche del piccolo risparmiatore.

La relazione fondamentale che a noi interessa maggiormente è quella esistente tra mercato azionario e obbligazionario. La regola di base è che in linea di principio i due mercati hanno andamenti opposti. In maniera elementare: se l'economia cresce è meglio puntare sull'azionario, mentre in caso di recessione mi difendo preferibilmente con i titoli di Stato.

Questa regola va naturalmente declinata nelle singole realtà del singolo Stato (ad esempio, Stati uniti, Germania, Italia, ecc.) dove appaiono le diverse sfaccettature locali.

Inoltre, oltre ai mercati finanziari regolamentati, esistono dei mercati non regolamentati; uno di essi è, ad esempio, **il settore delle criptovalute**.

Sebbene negli ultimi anni l'intervento delle autorità governative come la SEC negli USA, la FINMA in Svizzera o la Consob in Italia, giusto per citarne alcune, abbia tentato di limitare l'accesso agli strumenti offerti dal nuovo mercato delle criptovalute, essi restano aperti a tutti e senza molte regole, almeno fino a oggi.

Siamo dunque obbligati a conoscere meglio i singoli mercati, naturalmente senza avere la pretesa di essere esaustivi sull'argomento ma di tratteggiarne almeno i concetti chiave e capirne il funzionamento.

1. Il reddito fisso – Le obbligazioni

L'obbligazione finanziaria è un titolo di debito, emesso da società o enti pubblici, che attribuisce al suo possessore, alla scadenza, il diritto al rimborso del capitale prestato all'emittente più un interesse su tale somma. L'obbligazione è per il detentore una forma di investimento, sotto forma di strumento finanziario; mentre per l'emittente il prestito obbligazionario ha il fine del reperimento di liquidità. Il classico esempio di obbligazione sono i titoli di Stato.

Di solito, il rimborso del capitale avviene alla scadenza, al valore nominale e in un'unica soluzione (il valore del rimborso è sempre 100), mentre gli interessi sono liquidati periodicamente (trimestralmente, semestralmente o annualmente). L'interesse corrisposto periodicamente è detto "cedola", perché in passato per riscuoterlo si doveva staccare il tagliando numerato unito al certificato che rappresentava l'obbligazione.

Le obbligazioni ordinarie possono suddividersi in due categorie:

- **A tasso fisso**, che attribuiscono all'investitore **interessi in misura predeterminata**
- **A tasso variabile**, il cui interesse **non è predeterminato**, ma variabile in relazione ai tassi di mercato. Le obbligazioni a tasso variabile, a parità di altre condizioni, sono più sicure, in quanto offrono rendimenti sempre in linea con quelli di mercato

Inoltre, esistono diverse tipologie di obbligazioni, come ad esempio i titoli di Stato e le obbligazioni societarie.

Le obbligazioni, come del resto tutti i titoli, possono essere acquistate sul:

- **mercato primario**, sottoscrivendole al momento in cui vengono offerte per la prima volta al pubblico

- **Mercato secondario**, cioè acquistandole "in borsa", in un momento successivo alla loro emissione, da chi li ha già acquistate e vuole venderle

La presenza di un mercato secondario permette all'investitore, in caso di necessità, di vendere prima della scadenza i propri titoli. In assenza di un mercato secondario l'investitore dovrebbe, con molta probabilità, aspettare la scadenza del titolo per smobilizzare la propria posizione.

I **titoli obbligazionari** si dividono in:

- **Bond sovrani**, o titoli di stato, che costituiscono un debito emesso da un governo nazionale di un paese e sono denominati in una valuta che può essere straniera oppure no. L'utilizzo di una divisa non nazionale può spesso rappresentare un rischio più alto per l'obbligazionista che si impegna ad acquistare un determinato bond

- **Titoli sovranazionali**, che vengono emessi da entità internazionali (Banca Mondiale, Banca Europea degli Investimenti, ecc.) a cui prendono parte diversi Stati sovrani e non un solo paese come nel caso dei bond cosiddetti sovrani

- **Bond societari** (corporate bond). I bond societari sono molto semplicemente titoli del debito emessi da aziende e venduti agli investitori. Il rendimento del bond viene di solito stabilito in relazione alle capacità dell'emittente di ripagare il debito contratto. Le obbligazioni societarie vengono ritenute più rischiose rispetto ai bond governativi; è più facile che fallisca o non riesca a restituire il prestito un'azienda piuttosto che un paese. La conseguenza naturale è che i rendimenti dei corporate bond sono quasi sempre più alti di quelli del rispettivo paese, anche per le imprese più solide sotto il profilo della qualità creditizia. Ribadiamo che, ovviamente, non è obbligatorio mantenere il titolo fino alla scadenza naturale. Essi sono titoli, e come tali sono suscettibili di compravendita durante tutto il periodo della propria vita

Come viene determinato il tasso di interesse

I due elementi principali che concorrono a determinare il tasso di interesse di un bond sono la qualità del credito dell'emittente e la durata del prestito. Se l'emittente, per esempio, ha una qualità creditizia bassa, come per esempio la Grecia nel 2015, vuol dire che il rischio di fare **default (fallire) sul debito** è più alto della media e ciò significa che i bond emessi avranno tassi più elevati. I giudizi sul credito di un paese o di un'azienda sono calcolati ed espressi dalle agenzie di rating. La conseguenza è che un basso rendimento, a seguito di questi giudizi, esprime che il debito in vendita comporta **rischi limitati**.

Approfondimento 2 – Le agenzie di Rating
Le agenzie di rating sono istituti incaricati di giudicare la qualità del credito sia degli emittenti sia delle obbligazioni da loro emesse. Negli Stati Uniti le tre principali agenzie, dette le tre sorelle, sono Standard & Poor's, Moody's e Fitch. Ciascuna di esse ha un suo sistema di lettere personalizzato per categorizzare la qualità creditizia e rendere immediata la comprensione della stessa per gli investitori.

Più la lettera è "alta" (B, A) più la qualità del credito del bond sarà buona e più il paese emittente sarà finanziariamente stabile.

I bond vengono giudicati al momento della loro emissione. Sia le obbligazioni sia le entità che le collocano vengono periodicamente rivalutate dalle agenzie, per capire se un cambiamento del loro giudizio è preventivabile. È possibile che venga rivisto anche l'outlook, ovvero la prospettiva futura del rating, a breve, medio o lungo termine. In questo caso le opzioni sono: **positivo, negativo o stabile.**

I rating dei bond sono importanti non solo per il ruolo che hanno di tenere gli investitori informati, ma anche perché hanno un impatto sul tasso di interesse che le aziende e i governi pagano sulle obbligazioni collocate.

Per esempio, il rating più alto di Standard and Poor's è la **tripla A (AAA)**. Una volta che lo status del titolo scende a BB+ non è più considerato **"investment grade"**.

Al di sotto di tale soglia si passa agli **"speculative grade"** (letteralmente "qualità speculativa", quindi alto rischio).

Il giudizio più basso, D, indica che il bond è in **default**, ovvero che l'emittente non è in grado di ripagare agli obbligazionisti gli interessi e il valore nominale del bond.

Adesso se noi acquistiamo dei titoli a breve termine a 1 o 2 anni è probabile che aspetteremo la scadenza e riceveremo tutto il capitale inizialmente investito e quindi nessun problema. Ma se acquistiamo dei titoli a tasso fisso a scadenza più lunga potrebbe capitare di avere la necessità di venderli prima della scadenza. In questi casi il prezzo del titolo sarà quello di mercato che può essere superiore o inferiore al valore 100 della scadenza. Perché?

Perché il valore di un'obbligazione a tasso fisso varia in senso inverso all'andamento dei tassi di interesse. Cioè, se questi ultimi salgono, la quotazione del *bond* scende e viceversa. Questo tipo di titoli hanno un tasso di interesse fisso, dove la cedola resta identica per tutta la durata del prestito; se le condizioni di mercato variano e, di conseguenza, variano anche i tassi di interesse dei titoli di nuova emissione, l'unico modo per il vecchio titolo di adeguarsi ai diversi tassi **è variare la quotazione di mercato.**

Molto spesso, per valutare il rischio di titoli e fondi obbligazionari e per agevolarne le comparazioni, si ricorre al concetto di *duration.* Quest'ultima rappresenta la durata finanziaria di un titolo (o, se si tratta di un fondo, della somma di tutti i titoli in portafoglio), cioè la sua vita residua ponderata con il flusso di cedole che pagherà in futuro.

Espressa in anni o in giorni, la *duration* costituisce una misura del rischio delle obbligazioni. All'aumentare del suo valore aumenta infatti la volatilità del titolo e quindi il rischio di oscillazione della sua quotazione nel tempo al variare dei tassi d'interesse.

Approfondimento 3 – La volatilità

Cerchiamo di capire cosa vuol dire questa parola che probabilmente avrete sentito già nominare.

Per volatilità di un titolo o di un mercato nel suo complesso si intendono fasi, più settimane o più mesi, in cui le oscillazioni delle quotazioni sono molto vistose. Queste fasi sono interpretabili come segnali di incertezza e nervosismo dei grandi investitori e creano preoccupazione nei risparmiatori che hanno meno strumenti a disposizione per capire cosa sta accedendo. La volatilità può essere causata da diversi fattori, economici, politici commerciali, ecc.

Naturalmente esistono degli indici che ne misurano l'intensità, il più famoso è il VIX, chiamato "l'indice della paura", perché tende

---

a salire quando aumenta l'incertezza circa il futuro andamento dell'indice di borsa americana (S&P 500).

In sostanza rappresenta un utile indicatore del rischio dei diversi investimenti.

Perché dobbiamo capirne il concetto? Perché come vedremo nel capitolo successivo, a parità di rendimento di un titolo è conveniente scegliere quello con una volatilità inferiore.

Minore volatilità = minore oscillazione del titolo = minore ansia.

Ricapitoliamo il **concetto di rischio** in quanto fondamentale per una corretta valutazione dell'investimento che andremo a fare o che ci possono proporre. Abbiamo detto che anche le obbligazioni, come ogni attività finanziaria, comportano dei rischi.

Sicurezza e redditività sono di norma concetti opposti: interessi elevati sono la contropartita di rischi altrettanto elevati. I rischi tipici sono:

- Il **rischio di interesse** che riguarda la possibilità che il prezzo del titolo diminuisca a seguito di variazioni dei tassi di interesse. I titoli a tasso fisso, soprattutto quelli a lunga scadenza, sono maggiormente esposti a questo rischio rispetto ai titoli a tasso variabile. Infatti, se variano i tassi di interesse i titoli a tasso fisso non possono modificare le cedole e, quindi, per adeguare il loro rendimento ai nuovi livelli dei tassi, si modifica il prezzo. I titoli a tasso variabile, invece, adeguano le cedole al nuovo livello dei tassi per cui il prezzo si modifica solo limitatamente

- Il **rischio di credito** (o rischio emittente) che è legato alla possibilità che l'emittente sia inadempiente, in tutto o in parte, nel pagamento degli interessi e/o del capitale. Sotto questo profilo, esistono titoli di diversa rischiosità, poiché non tutti gli emittenti hanno la stessa affidabilità. Ad esempio, uno stato è generalmente più affidabile di una impresa privata e, infatti, il fallimento di uno stato, anche se possibile, è meno probabile di quello di un'impresa

- Il **rischio di liquidità** si riferisce alla difficoltà di vendere rapidamente ed economicamente (cioè senza perdite in termini di prezzo) le proprie obbligazioni prima della scadenza. A questo riguardo, i titoli non quotati sono sicuramente meno liquidi di quelli quotati

- Il **rischio di cambio** che si corre se si investe in titoli denominati in valuta diversa da quella domestica ed è legato alla variabilità del rapporto di cambio tra le due valute

Passiamo ai **titoli di stato italiani.** Essi sono obbligazioni emesse periodicamente dal ministero dell'economia e delle finanze per conto dello stato, con lo scopo di finanziare (coprire) il proprio debito pubblico. I titoli di stato italiani si dividono in:

- Buoni Ordinari del Tesoro (BOT)
- Certificati del Tesoro Zero Coupon (CTZ)
- Certificati di Credito del Tesoro (CCT)
- Buoni del Tesoro poliennali (BTp)
- Buoni del Tesoro Poliennali indicizzati all'Inflazione Europea (BTp€i)

In questa sede ci soffermiamo solo sulle **obbligazioni zero coupon** perché conoscere il loro funzionamento ci tornerà utile successivamente. I CTZ sono titoli di credito emessi a sconto, ossia sotto la pari, a un prezzo inferiore al valore nominale, che non producono cedole nel corso della loro vita.

Il rendimento percepito dal possessore scaturisce dallo scarto di emissione, ossia dalla differenza tra il valore di rimborso (alla pari) e il prezzo di emissione. In Italia le obbligazioni zero coupon più diffuse sono i Buoni Ordinari del Tesoro (BOT) e i Certificati del Tesoro Zero Coupon (CTZ). Questo tipo di obbligazione garantisce ai sottoscrittori un investimento effettivo durante tutto il periodo di impegno del capitale, senza il problema del reinvestimento degli interessi periodici.

Gli interessi sono sottratti al valore nominale al momento dell'emissione. Il calcolo avviene sottraendo al valore nominale il valore attuale degli interessi figurativi, attualizzato sulla base di un tasso fisso predefinito.
Gli zero coupon da 3 a 24 mesi sono tipicamente emessi da emittenti statali (vedasi BOT e CTZ); quelli di durata superiore, decennale o anche trentennale, sono invece prerogativa di organismi sovranazionali (per es. BEI) o banche d'affari di levatura mondiale.

Un accenno veloce occorre farlo anche ai **Titoli Indicizzati.** Un **titolo indicizzato** è uno strumento finanziario costruito in modo tale da evitare che si assista, nel corso del tempo, a una eccessiva perdita del potere d'acquisto degli stessi. Il titolo, al momento dell'emissione, viene legato a un particolare indice che esprime le modalità di calcolo del rimborso e/o del rendimento.

Queste particolari obbligazioni indicizzate sono titoli di debito a rendimento variabile. La variabilità può interessare la componente interessi, ossia le cedole periodiche, il rimborso in conto capitale o entrambe. Mediante tale meccanismo le variazioni subite da uno o più parametri di riferimento si riflettono, totalmente o parzialmente, sull'ammontare dei flussi percepiti dall'obbligazionista.

In genere, il parametro di indicizzazione è di natura finanziaria, ad esempio, un titolo, un tasso, un indice, oppure un parametro di natura monetaria. Lo Stato italiano emette:

- **Buoni del Tesoro Poliennali indicizzati all'Inflazione Europea (BTP€i).** Sono titoli a medio-lungo termine con scadenze a 5, 10, 15 o 30 anni, che garantiscono una protezione contro l'aumento del livello dei prezzi in Europa. Infatti, sia il capitale rimborsato a scadenza, sia le cedole semestrali di questi titoli sono **rivalutati in base all'andamento dell'inflazione europea**

- **BTP Italia.** Sono titoli che garantiscono una protezione contro l'aumento del livello dei prezzi in Italia. Infatti, sia il capitale sia le cedole sono **rivalutati in base all'andamento dell'inflazione italiana**, misurato dall'indice ISTAT dei prezzi al consumo per famiglie di operai e impiegati (FOI), con frequenza semestrale

2. Le Azioni

Un'**azione** è un titolo rappresentativo di una quota della proprietà di una società per azioni. Il possessore è detto azionista e l'insieme delle azioni della società è detto capitale azionario. Il vantaggio dell'emissione di azioni per l'azienda emittente è rappresentato dal recupero di liquidità finanziaria necessaria per eventuali investimenti.

Il possessore, invece, ha diritto a ricevere una quota dei profitti dell'azienda (dividendi), oltre a possibili guadagni derivanti dalla rivendita delle azioni stesse, quotate sul mercato azionario.

Il rendimento di un'azione dipende dall'incremento (o decremento) del valore dell'azione in un dato periodo a cui si aggiungono eventuali dividendi pagati nello stesso periodo. Possiamo dividere l'insieme degli azionisti in *cassettisti* e *speculatori*.

I **cassettisti** tendono a tenere le azioni in portafoglio per lunghi periodi, poiché sono interessati a diritti di natura amministrativa (come il diritto di voto); a questa categoria di azionisti preme quindi soprattutto prevedere l'entità dei *dividendi futuri*.

Gli **speculatori**, al contrario, non sono interessati ai diritti amministrativi e mantengono in portafoglio le azioni per un breve arco di tempo, aspettando che il loro prezzo salga abbastanza per permettere loro di realizzare una plusvalenza.

Tuttavia, i **dividendi** non sono un pasto gratis: è una parte di utile che torna agli azionisti ma contemporaneamente esce dalla società che, pertanto, finirà per valere meno. Non è un caso che il giorno dello stacco della cedola l'azione tende a flettere al ribasso, quasi un gioco a somma zero.

Dunque, nella scelta di un titolo non bisogna guardare esclusivamente agli utili che man mano vengono restituiti. Per le azioni la variabile chiave è il prezzo, non tanto se la società è più o meno munifica nel restituire soldi agli azionisti. Da precisare che, le **cedole** sono gli interessi lordi derivanti dalle obbligazioni, i **dividendi** sono quelli derivanti dalle azioni; i dividendi nascono da un utile, prodotto dall'azienda, le cedole nascono da un debito di chi emette l'obbligazione.

Inoltre, il pagamento delle cedole è certo per contratto, mentre i dividendi, essendo solitamente una quota dei profitti di esercizio che viene distribuita agli azionisti, non sempre vengono liquidati. Da evidenziare come, negli ultimi anni, a causa della diminuzione dei rendimenti dei titoli obbligazionari, un investitore ottiene in media flussi cedolari più dall'azione che dal bond di una società.

3. L'asset "sicuro"

Le varie crisi finanziarie mondiali che periodicamente viviamo, hanno dimostrato che non esistono beni che possono essere considerati davvero sicuri. Tuttavia, nelle fasi di estrema incertezza, determinati asset come valute, materie prime o titoli di Stato considerati l'emblema della stabilità, continuano a essere gettonati.

Puntare sui "beni rifugio" tuttavia non è un'attività del tutto esente da scivoloni. Il rischio è quello di andare incontro a forti perdite nel caso in cui la situazione dei mercati dovesse migliorare riportando gli investitori verso investimenti meno sicuri ma più redditizi. In ogni caso, evidenziamo i principali beni rifugio da tenere in considerazione.

3.1 Oro

È considerato il bene rifugio per eccellenza, mentre l'argento, il platino e altri metalli preziosi, non sono considerati dei veri e propri beni rifugio perché hanno un importante utilizzo industriale e, di conseguenza, le loro quotazioni variano a seconda dei cicli economici.

Il prezzo del metallo prezioso, invece, è determinato dalle decisioni dei grossi investitori che normalmente lo acquistano per coprirsi durante le fasi di crisi. È possibile investire in oro sia acquistandolo materialmente (esistono lingotti da 20 grammi a un chilo), sia investendo in strumenti finanziari che replicano l'andamento della quotazione (i cosiddetti ETF) o in fondi specializzati in società aurifere.

Un'importante variabile da tenere in considerazione nel valutare l'investimento in oro è il tasso di cambio in quanto il metallo prezioso è quotato in dollari. Per noi investitori europei, l'acquisto di oro può essere un modo per compensare l'alta volatilità del metallo prezioso e del dollaro.

I prezzi del lingotto tendono a salire quando la valuta USA scende – perché gli investitori percepiscono il suo acquisto più conveniente – e tende a scendere quando il dollaro sale (analisi intermarket). Quindi, in caso di rafforzamento del biglietto verde, chi ha in mano oro, e presumibilmente ha visto ridursi le quotazioni aurifere, avrà comunque avuto un aumento del valore finale dell'investimento, che è quotato in dollari; il deprezzamento dell'oro potrebbe essere, almeno in parte, compensato. Nonostante la sua fama di porto sicuro e di scudo dall'inflazione, il lingotto è tra le asset class più soggette a volatilità, ovvero a una forte escursione dei prezzi nel breve termine.

I prezzi dell'oro, peraltro, sono influenzati da decine di fattori assolutamente imprevedibili (dagli acquisti delle banche centrali a quelli dei grandi investitori, all'utilizzo per scopi industriali a quello per investimento), che lo rendono quindi una copertura parziale e per questo motivo poco efficiente. Senza contare che l'oro è un investimento infruttifero: il metallo non dà dividendi e non stacca cedole.

3.2 Valute

Senza dubbio sono da considerare le monete di quei paesi le cui economie sono ricche e sicure come ad esempio la Svizzera. L'indipendenza della Svizzera dall'Unione Europea aiuta a proteggere la valuta da qualsiasi crisi politica ed economica che possa interessare l'eurozona. Altra valuta tradizionalmente considerata come un valore rifugio è il dollaro americano perché, storicamente in tempi di crisi, il suo valore è sempre rimasto piuttosto stabile quando le altre valute si sono deprezzate.

3.3 Azioni dei beni rifugio

Sono titoli quotati meno inclini al ribasso in periodi di crisi globale o recessione economica. Sono le società che operano nei settori dei servizi pubblici, beni di consumo di base e salute. Il principio è che anche se si verifica una crisi i consumatori non possono smettere di comprare cibo, assumere prodotti per la salute o consumare energia.

3.4 Buoni del tesoro

Le emissioni del tesoro considerate beni rifugio corrispondano al debito dei paesi con il rating più alto (Germania e Stati Uniti su tutti) in quanto, indipendentemente da quello che succede nei mercati, saranno sempre in grado di pagare i loro debiti. Per questo motivo in particolari periodi essendo questi titoli parecchio richiesti, il loro tasso di interesse è relativamente basso.

Perché c'è la corsa all'asset rifugio

Molti a questo punto si chiederanno perché comprare un'obbligazione sapendo già in partenza che alla scadenza riceverete indietro, cedole comprese, solo il capitale o addirittura meno di quanto avete investito?

Eppure, c'è chi compie quasi ogni giorno una scelta come questa, in teoria contraria al buon senso del "padre di famiglia". Anzi i compratori sembrano abbondare.

Il motivo di questo apparente controsenso, in fondo, è piuttosto semplice: in un periodo di estrema incertezza sul futuro (ad es. dell'euro) il rendimento può anche passare in secondo piano; in questo caso si punta alla protezione del capitale e si ricerca il porto più sicuro dove custodirlo.

La tensione insomma è tale che si preferisce mettere da parte il guadagno pur di collocare al riparo il capitale da un'eventuale tempesta. Occorre considerare anche il fatto che la quasi totalità di questo mercato è costituita da investitori istituzionali (banche, fondi di investimento, assicurazioni, ecc.) che, a volte, si trovano quasi costretti a rincorrere i titoli rifugio.

Esiste insomma una domanda specifica degli operatori per i "porti sicuri" che va oltre il comprensibile desiderio di protezione. In altri termini, attualmente, queste obbligazioni sono la versione finanziaria del vecchio materasso: vi si infilano 100 euro e fra 6 mesi, così come fra uno o due anni, si troveranno gli stessi 100 euro.

Il tasso zero sui titoli di Stato non è in fondo molto differente, e come per il materasso non è esente da inconvenienti: in entrambi i casi si dovrà far fronte all'erosione del potere di acquisto causato dall'inflazione. Almeno, nel caso dei titoli di Stato non si corre il rischio di essere rapinati.

In ogni caso, chi vuole a tutti i costi scappare dall'euro e si affida a obbligazioni USA, svizzere, ecc, deve tenere conto dell'incognita cambio. Se dà una parte è vero che nel momento in cui la divisa che si va ad acquistare si indebolisce rispetto all'euro si ottengono extra-rendimenti, dall'altra, se il vento dovesse cambiare e la divisa estera apprezzarsi, si andrebbe incontro a una perdita valutaria.

I prodotti di raccolta

Per chi oggi desideri investire, esistono numerose opportunità: una di queste è rappresentata dall'acquisto di quote di **fondi comuni di investimento**. La funzione dei fondi comuni è quella di raccogliere denaro dai risparmiatori e affidarne il governo a società di gestione del risparmio (SGR).

Queste società hanno personalità giuridica e capitale distinte da quelli del fondo, allo scopo d'investire i capitali sul mercato mobiliare con il criterio primario della *diversificazione dell'investimento*, riducendo quindi il rischio rispetto ad esempio a un investimento diretto in azioni di una singola società in un singolo settore.

Raccolto il denaro presso i sottoscrittori i fondi comuni investono in valori mobiliari che costituiscono il patrimonio indiviso del fondo, di cui ogni risparmiatore detiene un certo numero di quote. La quota è la frazione di patrimonio unitaria del fondo di investimento ed ha un valore che cambia nel tempo in relazione all'andamento dei titoli nei quali il fondo investe.

Indipendentemente dal tipo di fondo, tutti i partecipanti hanno gli stessi diritti e i guadagni o le perdite, dal momento che il fondo non garantisce un rendimento certo, sono in proporzione a quanto investito, o meglio, in proporzione al numero di quote in possesso.

Il principale vantaggio è che essi sono strumenti finanziari che, a differenza dei titoli azionari, comportano una diversificazione del portafoglio con conseguente riduzione del rischio di perdita del capitale, dando la possibilità ai risparmiatori di operare scelte di investimento sempre più oculate.

Naturalmente, esistono diversi tipi di fondi che si possono raggruppare prevalentemente in:

- **Fondi obbligazionari** il cui portafoglio titoli è costituito prevalentemente da obbligazioni, titoli di Stato e in piccola parte azioni

- **Fondi monetari** che possono essere considerati una sottocategoria degli obbligazionari e investono esclusivamente in obbligazioni e titoli di Stato, con un margine di rischio pressoché inesistente

- **Fondi azionari** che investono prevalentemente in azioni
- **Fondi bilanciati** che ripartiscono l'investimento tra titoli di Stato, azioni e obbligazioni in diverse proporzioni

A loro volta i fondi comuni di investimento si suddividono in **fondi attivi** e fondi passivi.

I primi per definizione tentano "attivamente" di battere il mercato scegliendo le azioni che presumono migliori.

I **fondi passivi** detti anche "index fund" o fondi indicizzati, si differenziano dai precedenti per il fatto di avere una gestione di **tipo passivo**. L'obiettivo principale dei fondi indicizzati, quindi, non è quello di far ottenere all'investitore un rendimento extra, ma di replicare sostanzialmente il normale andamento del mercato.

Essi consentono di allocare in modo molto efficiente l'investimento, senza l'aspettativa di ottenere risultati superiori a quelli prospettatati dalle performance dell'indice di riferimento (o benchmark). Si tratta, quindi, di un modo efficiente e poco costoso di replicare gli indici di mercato, valido sia per il risparmiatore sia per i gestori di fondi, che nelle gestioni attive spesso ottengono performance inferiori al benchmark. Anzi, la notizia è che il 90% dei fondi americani non riesce a battere il mercato nel lungo periodo e in Europa la percentuale non è certo molto differente.

I fondi indicizzati rappresentano senza dubbio una grande attrattiva anche per i piccoli e medi risparmiatori, principalmente a causa dei **ridotti costi di gestione**.

Fra le varie tipologie di index fund, si distinguono:

- Fondi indicizzati "puri", che non sono quotati in borsa
- Gli ETF, o "Exchange-Traded Fund", il cui valore è collegato a un indice effettivamente quotato in borsa, in modo tale da poter acquistare o vendere le quote seguendo i movimenti dell'indice proprio come avviene per un titolo azionario

Uno dei vantaggi principali dei fondi indicizzati "puri" è rappresentato dai bassi costi di gestione; in particolare, dato che la società di gestione si limita a un intervento di tipo passivo, non sono previste commissioni in suo favore al momento di acquistare o vendere le quote. Questo rappresenta un grande vantaggio per gli investitori i cui guadagni, a parità di performance rispetto a quanti investono in fondi attivi, saranno comunque molto più elevati.

Approfondiamo un attimo gli **"exchange-traded funds" (ETF).** Accanto ai fondi comuni indicizzati "puri", troviamo un particolare tipo di fondi indicizzati – gli Exchange-Traded Funds (ETF) – che sono prodotti quotati in tempo reale in Borsa. Al contrario, nei fondi comuni il controvalore dell'operazione di acquisto o vendita è quello determinato a fine giornata dalla società di gestione, che valorizza la quota del fondo in base ai prezzi giornalieri degli asset presenti in portafoglio.

Dunque, gli ETF sono adatti a chi vuole sempre poter investire e disinvestire in tempi rapidi: pochi secondi contro circa un paio di giorni per i fondi comuni. Inoltre, lo sviluppo degli ETF come veicolo d'investimento incentrato sulle strategie di indicizzazione ha consentito agli investitori di accedere in modo semplice e a basso costo a tutta una serie di mercati.

Gli strumenti passivi hanno permesso anche ai risparmiatori in possesso di piccoli capitali di investire su diversi mercati grazie anche alle commissioni piuttosto basse. Oggi gli investitori che vogliono diversificare il proprio investimento, possono farlo senza andare incontro a costi eccessivi come accade coi fondi comuni a gestione attiva. Inoltre, il panorama degli ETF continua a evolversi, gli emittenti si sono moltiplicati e la competizione ha portato alla creazione di prodotti sempre più performanti e a costi sempre più bassi. Grazie anche alla diffusione degli ETF, è diventato molto più semplice e immediato mettere in atto strategie diversificate di obbligazioni e azioni prima quasi impossibili per i piccoli investitori. Gli ETF sono diventati, dunque, una valida alternativa per implementare soluzioni che in passato avrebbero richiesto l'utilizzo di strumenti complessi e meno trasparenti.

I fondi flessibili

Nel proporre nuove soluzioni di investimento nell'ultimo decennio le case di gestione hanno via via offerto ai sottoscrittori una nuova tipologia di fondi chiamati "flessibili"; sostanzialmente per avere carta bianca circa le decisioni di asset allocation e muoversi liberamente sui mercati senza doversi confrontare con il benchmark, ovvero con un preciso parametro che viene scelto dallo stesso gestore per indicare su quali mercati investire il patrimonio del fondo.

In questo modo, i sottoscrittori non hanno la possibilità di valutare ex-ante i rischi/opportunità dell'investimento e misurarne ex-post la bontà delle scelte fatte dal gestore. In sostanza, sono diventati un contenitore di tutti i fondi che le case di gestione hanno proposto come "il prodotto del momento". Dai fondi con il turbo ai fondi a cedola, a formula, a scadenza, a valore protetto, fondi obiettivo o target, multi-strategy, multi-asset, absolute return, total return e chi più ne ha più ne metta.

Le gestioni patrimoniali

Facciamo un accenno a questi strumenti anche se, in genere, dovrebbero essere "riservati" ai clienti più ricchi a causa delle soglie di ingresso piuttosto elevate. La gestione patrimoniale è un contratto di investimento tra te e la tua banca in forza del quale tu deleghi a un soggetto terzo la gestione del tuo patrimonio.

Ovviamente la banca non potrà fare ciò che vuole, perché il contratto stesso impone limiti precisi all'operatività dell'intermediario, prima tra tutti l'obbligo di acquistare solo titoli finanziari. In altri termini tu affidi i tuoi soldi a un gestore e non devi più preoccuparti di nulla. L'unica cosa da fare, al momento della sottoscrizione, consiste nella scelta dell'indirizzo della gestione patrimoniale, ossia il grado di rischio che vuoi correre in base agli obiettivi di investimento che ti poni.

Esistono poi le gestioni patrimoniali in fondi che, invece di acquistare strumenti finanziari "singoli" come azioni o obbligazioni, investono in fondi comuni.

Le gestioni patrimoniali si prospettano come uno strumento molto efficiente perché al loro interno si costruisce un portafoglio dove il gestore può spaziare tra fondi comuni, titoli ed ETF.

Di positivo c'è la maggiore trasparenza, perché il cliente di una gestione patrimoniale riceve il riepilogo completo di tutte le operazioni fatte dal gestore con l'indicazione di prezzi e quantità comprate e vendute. Il cliente paga una fee di asset allocation e il gestore utilizza gli strumenti che trova più interessanti, come nella consulenza a parcella.

Adesso, nonostante le gestioni patrimoniali mobiliari vengono vendute come servizi altamente personalizzati, la realtà è un po' diversa. Ogni GPM ha un portafoglio tipo che viene replicato e che è uguale per tutti i clienti. In questo non c'è nulla di male, ma è importante saperlo ed esserne consapevoli. Inoltre, le gestioni patrimoniali mobiliari costano almeno come i fondi di investimento; se poi le gestioni investono in fondi diventano ancora più care e questo andrà a discapito dei rendimenti.

I prodotti assicurativi

Premesso che un contratto di assicurazione è una forma di copertura e protezione da un rischio o un evento non previsto ed è, quindi, uno strumento adatto a chi cerca di ottenere maggiore sicurezza, in questa sede è opportuno chiederci se sia conveniente utilizzare le assicurazioni come investimento.

Quando parliamo di investimenti ormai credo che iniziamo ad aver chiaro che le due parole chiave siano rischio e rendimento. Quando parliamo di assicurazione invece ci vengono in mente le parole copertura, sicurezza, protezione. Da ciò possiamo dedurre facilmente che voler avere il rendimento insieme alla protezione è un controsenso.

L'importante è sempre aver ben chiare le cose e sapere che le polizze assicurative sono strumenti di copertura e protezione in quanto riducono il rischio finanziario a fronte di eventi imprevisti. Ma eliminando il rischio sappiamo che si elimina quasi del tutto anche la possibilità di ricevere un rendimento.

Detto questo, sul mercato sono presenti tre categorie di polizze:

- Le Polizze miste a Gestione Separata, dove la maggior parte del capitale viene investito in titoli di Stato o strumenti equivalenti a basso rischio
- Le Polizze Unit Linked dove una parte dei premi versati (non tutti) viene investita in strumenti o fondi comuni che spesso e volentieri investono a loro volta in altri fondi comuni
- Le Polizze Index Linked che sono strumenti finanziari strutturati (cioè composti da obbligazioni + derivati) confezionati all'interno di una scatola assicurativa

Fondi Pensione

Non possiamo certo trattare in questa sede il mondo della previdenza complementare, ma sappi che ci sono a tua disposizione:

- **Fondi pensione chiusi**, che nascono dalla concertazione tra le associazioni dei datori di lavoro e le associazioni sindacali e per questo motivo si definiscono anche fondi di categoria. A seconda del contratto di lavoro che hai sottoscritto, puoi accedere a un fondo specifico e puoi aderire solo se sei un lavoratore dipendente che appartiene a una categoria che ha firmato un accordo collettivo.

- **fondi pensione aperti,** che sono fondi comuni di investimento gestiti da una società di gestione del risparmio (sgr), un istituto di credito, una società di intermediazione mobiliare (sim) o una compagnia di assicurazione. L'adesione è completamente libera e puoi accedervi qualsiasi sia la tua condizione lavorativa (dipendente, autonomo, libero professionista). Addirittura, puoi sottoscriverli anche se non hai un'occupazione al momento dell'adesione.

- **piani individuali pensionistici (pip)** che non sono fondi ma un tipo di assicurazione con finalità pensionistiche, cioè strumenti completamente diversi rispetto ai fondi pensione.

  Si tratta quindi di polizze sulla vita, o di polizze unit-linked (cioè legate a quote di fondi comuni), offerte e gestite da compagnie di assicurazione, con obiettivi di previdenza complementare. Non sono, quindi, delle polizze vita tradizionali, ma finalizzate a un obiettivo di investimento specifico. Non essendo un prodotto assimilabile ai fondi pensione, si può aderire solo ed esclusivamente in forma individuale; niente adesione collettiva e puoi aderirvi anche se sei un lavoratore autonomo, a progetto e perfino se non hai un contratto di lavoro.

La gestione del rischio

Come ha detto Warren Buffett: *"Il rischio deriva dal non sapere quello che fai"*. La **gestione del rischio** (in inglese risk management) è il processo mediante il quale si misura o si stima il rischio e successivamente si sviluppano delle strategie per governarlo; in altri termini, è quel processo continuo di identificazione, analisi, valutazione e gestione delle esposizioni alle perdite.

L'obiettivo principale del Risk Management è quello di minimizzare le perdite e massimizzare i profitti, quindi controllo del rischio e delle risorse finanziarie al fine di minimizzare gli effetti negativi di una perdita. Tieni conto che i mercati non si possono prevedere, si possono solo gestire in termini di rischio/rendimento.

Rischio e rendimento sono strettamente connessi, non ci si possono aspettare alti rendimenti senza rischio oppure sicurezza senza bassi rendimenti. La prima domanda che in genere vi fa un dipendente della banca quando dovete investire dei soldi è: cosa dovete farci, a cosa vi servono? Dalle vostre risposte e quindi esigenze, si comincia a delineare l'arco temporale dell'investimento, che tipicamente può essere di breve, di medio o di lungo periodo.

Non dimentichiamo mai che tempo, rischio e rendimento sono inseparabili e sono diversi aspetti della stessa realtà. Prendiamo ad esempio le azioni o meglio il mercato azionario nel suo complesso. Il problema dell'investimento azionario, come tutti sanno, è che è rischioso. Tuttavia, nel lungo termine (variabile tempo), si è rivelato nella maggior parte dei casi molto redditizio; nessuno può prevedere il futuro, ma si può provare a farlo **affidandosi ai dati statistici**.

Guardando questi dati, si scopre che la probabilità di un rendimento positivo sull'indice S&P 500 in un arco temporale di cinque anni è molto alta. Così come a 10 anni le possibilità di perdere il capitale investito scendono al 5%. Ci sono stati periodi durante i quali l'indice è stato negativo, certo, ma nel lungo termine sono abbastanza rari. Il concetto è che, allungando lo spazio-temporale, si riducono i rischi di perdite. Investendo nell'S&P 500 per cinque anni si avrebbe poco meno dell'**85% di possibilità di ottenere rendimenti positivi**. Sull'arco di dieci anni, la percentuale sale avvicinandosi al 95%.

Ciò prova che l'investimento azionario è meno rischioso di quanto si pensi. È chiaro che le batoste temporanee sono da mettere in conto ma, nel complesso, il mercato azionario tende a salire nel corso degli anni. Più è lungo l'arco temporale dell'investimento e più è probabile che i rendimenti dell'azionario tendono a essere positivi e superiori all'inflazione.

Per chi non riesce a convivere con **la volatilità** associata ai titoli azionari, la soluzione adatta potrebbe essere un piano di accumulo (PAC) su un orizzonte temporale duraturo che di solito offre buoni rendimenti nel corso del tempo. È della massima importanza cambiare il nostro atteggiamento mentale, aumentando le conoscenze finanziarie per comprendere l'importanza di investire i risparmi con un orizzonte di lungo termine.

Proviamo a scomporre la propensione al rischio nelle sue due componenti principali, ovvero la tolleranza dalla capacità di rischio. La propensione al rischio rappresenta la disponibilità a sopportare perdite patrimoniali dovute all'andamento negativo del mercato, al fallimento dell'emittente e dello strumento finanziario in cui abbiamo investito o al fatto che non esiste un mercato liquido.

Quanto più siamo propensi al rischio, tanto più siamo disposti ad accettare che l'investimento non consegua i risultati che ci attendevamo. Non dimentichiamo che il rischio è incertezza, è la possibilità che l'investimento non abbia i risultati sperati; il livello di rischio che si è in grado di sopportare è un elemento di fondamentale importanza, e deve essere considerato prima di fare un qualsiasi investimento, tenuto conto che: diversi tipi di investimento sono soggetti a diversi livelli di rischio.

Confrontarsi con rischi troppo elevati – con rischi superiori alle proprie capacità di sopportarli – può portare a risultati negativi. È tipico il caso di chi, preso dal panico, vende dopo un crollo del mercato, realizzando magari forti perdite. Valutare adeguatamente la propria tolleranza al rischio è necessario per prevenire decisioni inadeguate in momenti di panico e l'abbandono del proprio piano di investimento nel momento peggiore.

Ci sono degli aspetti della personalità che influenzano il tuo profilo; sotto l'ombrello dell'avversione al rischio si nascondono aspetti come l'ansia, la fiducia in te stesso e la preparazione ad affrontare le perdite. Conoscere queste peculiarità è fondamentale per individuare la scelta di investimento più adatta a te.

Se sei una persona ansiosa, per esempio, dovresti evitare investimenti con elevata volatilità. Una cosa infatti è comprendere razionalmente che le perdite si potranno recuperare nel tempo, un'altra è trovarsi effettivamente nella circostanza. A differenza del rendimento, che è una grandezza facilmente misurabile, il rischio risulta difficilmente calcolabile in quanto è una grandezza soggettiva la cui percezione è influenzata da molteplici fattori.

Come possiamo misurare la nostra **tolleranza al rischio** finanziario? L'approccio migliore è probabilmente quello di esaminare diversi scenari, e in particolare quello peggiore tra i diversi possibili – ad esempio, una perdita su un periodo di un anno – e chiedersi se si possa mantenere il piano di investimento programmato nonostante tale perdita.

La tolleranza al rischio è considerata bassa, di solito, quando permette di sostenere perdite fino al 5%, su un periodo di un anno. Gli investitori con una moderata tolleranza per il rischio possono di solito sopportare perdite tra il 6% e il 15%; e gli investitori con un'alta tolleranza al rischio possono di solito sopportare perdite tra il 16% e il 25%.

Ciò non vuol dire che assumere un atteggiamento più rischioso sia consigliabile in tutti i casi. Per valutare la scelta più adatta a te devi partire dalla tua condizione e non dalla speranza di ottenere determinate performance. In altre parole, occorre verificare la capacità di sopportare una perdita temporanea o definitiva senza per questo compromettere il proprio *tenore di vita* e quello della propria famiglia. La **capacità di rischio** dipende quindi da un dato puramente **economico** ed è influenzata dai seguenti fattori:

- Composizione del nucleo familiare
- Patrimonio familiare complessivo
- Quota degli investimenti sicuri
- Orizzonte temporale
- Capacità di risparmio

La capacità di rischio di solito cresce con l'aumentare del patrimonio; sulla base della legge microeconomica dell'utilità marginale decrescente, un investitore ricco può sopportare maggiori rischi di uno dotato di meno risorse.

Sicuramente occorre conoscere il grado di rischio dei diversi strumenti, ma quello che conta veramente è capire quanto io sono disposto a rischiare. In altri termini, occorre capire che l'altra faccia della medaglia di un investimento rischioso è una grossa perdita potenziale; non è detto che accada ma, se anche accadesse, avendo stabilito il giusto orizzonte temporale, la potrai recuperare e continuare a guadagnare.

Chiaramente, non tutti però abbiamo lo stesso profilo di rischio: c'è chi è molto cauto, per cui preferirà un guadagno più contenuto a fronte di una maggiore tranquillità; c'è chi, invece, è disposto a rischiare pur di raccogliere grandi frutti e tollera bene un rischio maggiore. Viceversa, una persona potrebbe avere una grande capacità di rischio, grazie al buon patrimonio e alla grande capacità di risparmio, ma essere ansiosa; in questo caso la sua tolleranza al rischio sarà piuttosto bassa. In conclusione, la stima della propensione al rischio dipende dalla corretta scomposizione della stessa.

Passiamo adesso a esaminare il rischio dei vari strumenti di investimento. In linea generale, ogni prodotto è caratterizzato da un diverso livello di "pericolo" e, conseguentemente, a **diversi livelli di rischio corrispondono diverse categorie di strumenti finanziari**:

- le caratteristiche dei fondi monetari, dei certificati di deposito, e delle obbligazioni di breve periodo ad esempio, rendono questi titoli adatti a investitori con una bassa tolleranza al rischio: in media, possono perdere al massimo non più del 5% circa in un anno

- I titoli adatti a una tolleranza al rischio moderata – che possono perdere al massimo tra il 6% e il 15% all'anno – potrebbero comprendere portafogli di obbligazioni di medio e lungo periodo e portafogli di azioni di aziende solide, in settori maturi, con utili costanti e dividendi altrettanto costanti

- Per chi ha una tolleranza al rischio alta, i titoli adatti potranno essere quelli a "crescita aggressiva", i portafogli composti da titoli di piccole imprese, o titoli di mercati emergenti

Per comprendere meglio il concetto, sotto ho riportato quella che viene chiamata la **piramide del rischio.** L'illustrazione presenta le principali tipologie di strumenti finanziari ordinate in base al loro tipico profilo di rischio/rendimento. Alla base della piramide, troviamo gli investimenti storicamente più **difensivi**, caratterizzati da un'elevata liquidità (come i conti correnti bancari o i conti di deposito) o da una relativa sicurezza sia di ottenere un dato guadagno (ad esempio cedolare) sia di recuperare il capitale originario, tipica dei titoli obbligazionari governativi delle economie avanzate.

Man mano che si procede verso l'alto, gli strumenti diventano maggiormente **aggressivi** e quindi con una marcia in più dal punto di vista dei rendimenti attesi

Si tratta chiaramente solo di uno schema sintetico che presenta in sostanza infinite variabili di cui è opportuno tenere conto quando si va a creare un portafoglio di investimento. Partiamo dal basso della piramide:

- **titoli di Stato e liquidità:** a questa categoria appartengono i titoli di Stato, i soldi in conto corrente ed eventuali conti deposito. Sono solitamente caratterizzati da un rischio basso o medio basso e sono utili per proteggere il tuo patrimonio in quanto sono caratterizzati da una volatilità bassa o nulla.

- **Bond o obbligazioni:** esistono molti tipi di obbligazioni (ordinarie, subordinate ecc.). Ma, in via generale sono caratterizzate da un rischio medio e solitamente vengono utilizzate per proteggere il patrimonio.

- **ETF e fondi:** possono essere sia azionari sia obbligazionari che un mix tra le due asset class e il livello di rischio dipende esclusivamente dalla loro composizione. Esistono ETF/fondi a basso rischio con ingenti percentuali di liquidità e titoli di Stato ed ETF/fondi ad alto rischio composti esclusivamente da titoli azionari.

- **Azioni:** comprare azioni singole è un investimento ad alto rischio; naturalmente è possibile ridurre il rischio e aumentare la diversificazione acquistando tante azioni contemporaneamente all'interno di un "contenitore" come un fondo o un ETF azionario. Investire in azioni è consigliato se vuoi massimizzare il rendimento del tuo capitale nel lungo periodo pur sapendo che il controvalore può oscillare pesantemente.

- **Derivati:** Strumenti che stanno andando di moda ultimamente e che ti permettono di amplificare i movimenti dei mercati (sia in positivo sia in negativo). Vengono utilizzati da operatori professionali con scopo di copertura ma, si sono diffusi rapidamente anche nel pubblico privato (come ad esempio gli ETF con leva). Personalmente ti sconsiglio vivamente di usare questi strumenti in quanto aumenteresti notevolmente le probabilità di subire grosse perdite.

Riassunto del capitolo 2:

- Segreto n. 1: sicurezza e redditività sono di norma concetti opposti: interessi elevati sono la contropartita di rischi altrettanto elevati.

- Segreto n. 2: occorre sfogliare con cura i prospetti informativi per capire quali sono le strategie e i reali obiettivi di investimento del gestore per evitare spiacevoli sorprese.

- Segreto n. 3: i mercati non si possono prevedere. Si possono solo gestire in termini di rischio/rendimento.

- Segreto n. 4: il fattore principale per determinare la tua propensione al rischio è il tuo carattere.

Capitolo 3:
Come pianificare i tuoi investimenti

Inizia subito perché tra 10 anni sarai felice di averlo fatto

Benjamin Graham nel suo libro del 1949 "The Intelligent Investor" definisce in modo lucido e chiaro un'operazione di investimento: *"un'operazione di investimento è quella che, dopo un'approfondita analisi, promette la protezione del capitale e un soddisfacente rendimento"*.

L'investitore intelligente ricerca contestualmente il recupero del capitale (in termini reali, ossia protetto dall'inflazione) e un ritorno soddisfacente. Al contrario, un'operazione speculativa ricerca il massimo rendimento, mettendo a repentaglio i due precedenti obiettivi.

Un investimento a differenza di una speculazione non è una scommessa. Chiariamo fin da subito che non esiste un piano di investimento adatto a tutti gli investitori, anzi non esiste un piano adatto a due investitori diversi. Un piano di investimento unico non potrebbe rappresentare le diverse situazioni individuali, perché non esistono due persone che si somigliano né come personalità, né come situazione finanziaria.

È necessario invece tratteggiare ogni piano sulle peculiarità di ciascuna persona; l'insieme delle caratteristiche di chi investe compongono il **"profilo dell'investitore"**, caratterizzato da tre fondamentali aspetti di base:

- La tolleranza al rischio
- Gli obiettivi di investimento
- L'orizzonte temporale

Come raggiungere i nostri obiettivi finanziari

Quando si parla di obiettivi complessi e a lunga scadenza, la pianificazione è un compito fondamentale da svolgere per stabilire e mantenere una rotta. Iniziamo dunque a pensare in modo strategico, organizziamo i nostri obiettivi per il maggior numero di anni possibile scandendone bene i tempi.

Vediamo allora quali sono i passi fondamentali per centrare gli obiettivi:

1. **stabiliamo le priorità e scopriamo i nostri bisogni e desideri finanziari.** Potrebbe bastare mezza giornata, o richiedere più tempo, ma è vitale che emergano. Potrebbe rivelarsi un esercizio più difficile del previsto, quindi tieni un diario, medita e crea elenchi.

2. **Mettiamo in ordine il risparmio creando una scansione temporale.** Adesso è tempo di pianificare i nostri bisogni (fondo per le emergenze, per lo studio dei figli, per la pensione, ecc.). Ma programmare anche i nostri desideri (un viaggio, una macchina nuova, ecc.), tenendo necessariamente conto della nostra aspettativa di vita. Prendiamo l'elenco fatto e stabiliamo quanto ci servirà risparmiare per ogni obiettivo, assegnando un ordine di priorità per ciascun traguardo. Alla fine del processo avremo un piano di vita intenzionale che non dobbiamo mai perdere di vista.

3. **Traduciamo tutto in un piano concreto** e suddividiamo i risparmi in tre categorie: i soldi di cui ti aspetti di aver bisogno tra pochi anni, tra tre-dieci anni e tra più di dieci anni. Sapere quando prevedi di aver bisogno dei soldi può aiutarti a decidere quale tipo di investimento dovresti considerare come parte del tuo piano.

4. Fissiamo ogni anno **3 o 4 traguardi** che devono avere le seguenti caratteristiche, ovvero devono essere:

- Specifici

- Misurabili

- Raggiungibili

- Rilevanti

- Limitati nel tempo

5. Infine, **teniamo sotto controllo gli obiettivi e interveniamo se perdiamo l'orientamento**. Almeno ogni tre mesi facciamo il punto degli obiettivi annuali e verifichiamo come sta andando in modo da rimuovere eventuali ostacoli.

I piani finanziari devono essere flessibili ma l'importante è rimanere concentrati sui tuoi grandi obiettivi, evitiamo l'accumulo non finalizzato. Devi assolutamente avere un piano perché altrimenti come dice Alfio Bardolla:

"Se non hai un piano per il tuo futuro qualcun altro l'avrà per te".

Una precisazione: quando parlo di investire **"personalmente"** non intendo esclusivamente **"da solo"**. Se lo riteniamo necessario possiamo rivolgerci a un consulente finanziario, anzi in alcuni casi è vivamente consigliato ma il consulente si troverà davanti un risparmiatore consapevole, formato e con le idee chiare, in una relazione paritaria che porterà vantaggi per entrambi. Risulterà più facile per il consulente a questo punto guidarci nelle nostre scelte in quanto entrambi consapevoli e a conoscenza delle regole basilari della stabilità finanziaria.

Un buon **piano finanziario** e una adeguata **disciplina comportamentale** sono in grado di condurti dove vuoi andare. Rispondere a domande del tipo:

- Primi soldi: che fare
- L'acquisto della casa: come finanziarlo
- Una nuova famiglia: le scelte da fare
- L'arrivo dei figli: come costruire il loro futuro
- La pensione: come garantirsi un miglior tenore di vita

non devono costituire più una fonte di preoccupazione. Stabilire i propri **obiettivi finanziari** avendo ben chiare le proprie esigenze: è questa la prima regola per investire. L'attenta definizione degli obiettivi consente di stabilire quando si avrà bisogno del denaro investito e il livello dei rendimenti attesi, ovviamente in relazione al rischio che si è disposti ad assumersi.

Dagli obiettivi personali dipendono, in altre parole, l'orizzonte temporale, la propensione al rischio e le aspettative di rendimento. Questi elementi definiscono il profilo finanziario dell'investitore, anche detto **profilo di rischio-rendimento**.

Nel capitolo precedente abbiamo parlato del rischio finanziario e della sua gestione attraverso i vari prodotti finanziari e della tua personale propensione al rischio. Riprendiamo questo concetto, in modo da poter impostare il portafoglio in base a questo fondamentale aspetto.

Occorre rammentare che il rischio altro non è che il prezzo da pagare per la possibilità di un maggior guadagno rispetto a investimenti alternativi che promettono un minor guadagno. Insisto con questo concetto perché conoscere il proprio profilo di investitore è uno dei passi fondamentali per capire l'approccio giusto da adottare in vista del raggiungimento dei propri obiettivi finanziari. Non tutti abbiamo lo stesso carattere, gli stessi obiettivi e la stessa tolleranza nei confronti degli alti e bassi dei mercati.

Non bisogna mai dimenticare che a livelli di rischio superiori corrispondono potenzialità di rendimento maggiori. Questo vale sia per un'ottica di breve, sia per un'ottica di lungo termine. Ovviamente, esponendoti finanziariamente verso asset più rischiosi, avrai rischi di perdita maggiori ma incrementerai anche la possibilità di recuperare queste perdite nel tempo. La statistica ci indica che nel lungo periodo aumenterai considerevolmente la possibilità di avere guadagni più alti.

Quindi, occorre concretamente che determini la tua capacità di rischio o "rischio oggettivo", quantificando la percentuale del patrimonio investito che sei disposto a perdere in un determinato arco temporale. Quanto più si tollera il rischio tanto più si possono scegliere prodotti che investono in titoli il cui valore può subire forti oscillazioni, come ad esempio la azioni.

Se, invece, soffri al solo pensiero di vedere diminuire il tuo patrimonio, allora è preferibile scegliere investimenti più tranquilli, come le obbligazioni fino ad arrivare alla liquidità. Teniamo sempre presente che qualsiasi tipo di investimento, anche il più prudente, comporta un rischio di perdita. Infatti, indipendentemente dal livello di rischio, tranne che per alcuni particolari prodotti, **non vi è mai alcuna garanzia di restituzione dell'intero capitale investito.** In ogni caso evitiamo di decidere sulla base dei suggerimenti di amici, colleghi e parenti che possono caratterizzarsi per bassi livelli di conoscenza finanziaria e ci portano inevitabilmente a rischiare di più; la percezione altrui del rischio potrebbe non coincidere con la tua. Nel caso meglio avvalersi dei servizi di consulenza finanziaria.

L'orizzonte temporale

L' **orizzonte temporale** è inteso come il periodo di tempo per il quale si intende rinunciare alle proprie disponibilità finanziarie, o a parte di esse, e investirle al fine di conseguire un rendimento "in linea" con gli obiettivi prefissati. Esso dipende dalle situazioni soggettive e dalle esigenze individuali e familiari. Tali esigenze possono essere di breve periodo, quali il pagamento delle tasse, o di lungo periodo, come l'acquisto di una casa tra qualche anno.

L'orizzonte temporale dipende anche dalla tua età; se investi a fini previdenziali è evidente che se hai venti anni il tuo orizzonte temporale sarà "diverso" da quello di un sessantenne. L'orizzonte temporale dipende anche dal tuo grado di impazienza: spesso gli individui tendono a valutare meno attraente col passare del tempo la decisione che oggi appare ottimale e, dunque, a rinunciare all'obiettivo finale per cedere alle "tentazioni" che si frappongono al suo perseguimento.

È un problema di auto-controllo, che può condurre a scelte miopi. Se l'orizzonte temporale è di breve periodo è bene che l'investimento sia a basso rischio e, quindi, tenda soprattutto a salvaguardare il capitale: il breve periodo temporale, infatti, non ci consentirebbe di recuperare eventuali perdite.

Al contrario, in un'ottica di lungo periodo è possibile, ammesso che la nostra propensione al rischio lo consenta, accettare rischi maggiori per conseguire maggiori guadagni: il lungo orizzonte temporale rende infatti possibile compensare eventuali perdite dovute ad andamenti negativi dei mercati.

Adesso possiamo collegare il profilo di rischio al nostro orizzonte temporale. Sappiamo che ogni prodotto si porta dietro un proprio peculiare grado di rischio. Aggiungiamo anche che, a parità di strumento finanziario, se si allunga l'orizzonte temporale in cui far "lavorare" il nostro investimento abbassiamo non poco il grado di rischio di quel determinato strumento, così come se investiamo poco per volta invece che in un'unica tranche.

Questo significa semplicemente che, se vuoi investire in titoli azionari, avrai più possibilità di recuperare un'eventuale perdita se decidi di farlo agire per 10 anni invece che per 3.
Adesso che sai dove ti trovi e cosa hai stabilito di realizzare per il tuo futuro, credo che sia arrivato il momento di costruire il nostro portafoglio d'investimento personale e familiare.

Prima dobbiamo fare una doverosa premessa: tutti gli esempi che farò sono solo indicazioni di carattere generale, perché una strategia è valida quando è calata nel singolo caso concreto. Inoltre, essendo il mercato in continua evoluzione, gli scenari possono cambiare e possono svilupparsi nuovi strumenti finanziari.

Anzitutto, ripassiamo i primi passi che tutti dobbiamo compiere:

- **Monitorate la vostra spesa** per migliorare le vostre finanze. Dovete capire dove finisce la vostra grana, che siano spese fisse, trasporti o voluttuarie in modo da avere la padronanza del vostro denaro.

- Come seconda cosa dovete cercare di **pagare prima i debiti ad alto interesse,** anche prima della costruzione di un fondo di emergenza, perché si risparmia di più ripagando tutto il debito di quanto non guadagnerete se lo investite. Ad esempio, cercate di pagate l'intero conto della vostra carta di credito ogni mese, il conto che può arrivarvi nel lungo periodo può costarvi una fortuna.

- L'uso della carta di credito ha senso quando si pagano i saldi ogni mese, mantenendo il tasso di interesse effettivo a zero. Andare in rosso sulla carta e rientrare in "comode rate mensili" è una vera e propria pazzia finanziaria.

- **Costruite un fondo per le emergenze.** Sappiamo che non è una questione di *se* ma è una questione di *quando*. La vita è piena di cambiamenti inaspettati e il consiglio è di mettere da parte almeno tre mesi di spese, in un fondo di emergenza da cui sarà possibile attingere quando ne avrete bisogno. Il fondo di emergenza, specialmente se si ha un lavoro autonomo, può aiutare ad affrontare problemi comuni come la perdita improvvisa di un cliente o ritardi nei pagamenti, in modo da superare i mesi di spese in caso di necessità, dall'affitto al mutuo, alle rate della macchina, spesa alimentare e qualsiasi altra spesa imprescindibile da coprire. Si tratta di una base che chiunque dovrebbe crearsi.

- **Stabilite la liquidità che dovete detenere sul conto corrente** che deve essere decisa in funzione delle spese sia fisse sia variabili e in base ai vari bisogni della famiglia. Cercate di tenere la giusta liquidità sulla base delle reali esigenze; rimanere liquidi significa perdere potere di acquisto come abbiamo visto. Naturalmente ho dato per scontato che abbiate già razionalizzato i vostri conti correnti, carte prepagate, carte di credito, bancoposta e altro, eliminando quelle inutili e verificato i costi di ogni prodotto.

- **Chiedete finanziamenti solo se necessari:** indebitarsi troppo è errato, ma se chiedo un prestito per una buona ragione e a condizioni favorevoli è giusto farlo per migliorare la propria condizione di vita.

Adesso, dovremmo essere in grado di conoscere la nostra capacità di risparmio mensile che, unita a eventuali disponibilità già presenti, costituisce la nostra potenziale capacità di investimento. Se vogliamo fare le cose in maniera più rigorosa possiamo anche calcolare il nostro **Tasso di risparmio**, ovvero il rapporto fra risparmio e reddito disponibile nel periodo considerato.

Noi italiani siamo sempre stati dei grandi risparmiatori, ma a causa di uno welfare state che ci proteggeva dalla culla fino alla pensione (lo Stato-papà) e di tassi di interesse sui titoli di Stato molto alti, non siamo riusciti a maturare una sana e consapevole educazione finanziaria. Per questo motivo non abbiamo mai percepito l'importanza di trasferire nel tempo i nostri risparmi, tutto era garantito dallo Stato.

Quindi, soldi sempre disponibili, liquidi, in modo da poterli utilizzare liberamente a ogni evenienza o al massimo in strumenti finanziari quali i BOT e i Libretti Postali per proteggersi dall'inflazione e mantenere inalterato il potere d'acquisto. In altri termini, era sempre possibile investire nel breve periodo con un alto rendimento e senza correre rischi.

In questo contesto matura pure l'idea di poter acquistare la prima casa anche facendo un mutuo le cui rate fisse, a causa dell'alta inflazione, con il passare degli anni, in rapporto allo stipendio, diventavano sempre più leggere. Si radica, quindi, nella nostra mente un'altra convinzione: l'investimento più sicuro e redditizio è l'immobile.

Oggi viviamo in una situazione di mercato completamente differente, molti servizi non sono più garantiti e dovremmo pensarci noi con i nostri risparmi. Si va progressivamente riducendo l'assistenza sanitaria garantita per malattie e infortuni e a questo si aggiungono le continue riforme previdenziali, che stanno ridimensionando l'assegno pensionistico che incasseremo e così via.

Inoltre, ancora oggi molti italiani considerano l'acquisto di una casa come l'unico investimento sicuro e conveniente, capace di generare attraverso la locazione un'ottima rendita.

In questo nuovo scenario, dove anche i tassi di interesse si sono praticamente azzerati, diventa chiaro che dobbiamo cambiare modello e imparare a programmare progetti di lungo periodo con il duplice obiettivo di soddisfare le nostre esigenze e di coprire quei servizi non più garantiti dallo Stato. Detto in altri termini, **dobbiamo trasformarci da risparmiatore a vero investitore.**

È vero, nella prima fase, quella dell'accumulo, noi lavoriamo per i soldi ma, se ogni euro che risparmiamo lo inseriamo in un processo di accumulazione, nel lungo termine essi cresceranno e si metteranno a lavorare per noi. Andiamo allora a riprendere i nostri **obiettivi a cui abbiamo associato un orizzonte temporale di realizzazione** e per ognuno di essi cerchiamo di costruire la migliore strategia di investimento.

Generalmente l'orizzonte temporale viene concepito come un dato oggettivo, invece ritengo che sia piuttosto un dato soggettivo. Per una persona di 80 anni parlare di lungo termine è completamente diverso che per una persona di venti. Quindi, visto che nessuno può identificare compiutamente ciò che si intende per lungo termine, il criterio non può che essere individuale. Tuttavia, per semplicità di trattazione possiamo dividerlo in tre fasce:

- Obiettivi di breve termine: da 0 a tre anni
- Obiettivi di medio termine: da 3 a 10 anni
- Obiettivi da lungo termine da 10 anni a infinito

Ok, aggiungiamo pure che l'obiettivo di un investimento si può dividere in due macroaree:

- La protezione
- la crescita

quale delle due sia prevalente dipende dallo scopo per cui investiamo (la pensione, l'acquisto di un'auto, l'università per i figli, ecc.). Erroneamente si pensa che a orizzonti temporali più brevi debbano corrispondere strategie più rischiose per massimizzare i profitti. È vero proprio il contrario, più si possono sfruttare i vantaggi di un investimento di lungo termine più elevato è il livello di rischio che si può prendere in considerazione. Dobbiamo prendere seriamente in attenta valutazione l'ipotesi che i tassi siano destinati a restare bassi ancora per diversi anni e, di conseguenza, dobbiamo dimenticarci i rendimenti a due cifre dei nostri titoli di Stato dei decenni scorsi.

Ed è proprio all'interno di questo scenario che dobbiamo impostare le nostre strategie di investimento, tenuto conto che, in alcuni casi, si parla di tassi negativi anche sui conti correnti.

Iniziamo dagli obiettivi **di breve termine**. In questo caso la nostra principale preoccupazione deve essere quella della **protezione del capitale.**

Se hai dunque l'esigenza di ritirare presto il tuo denaro dovrai strutturare l'investimento in modo da proteggere il capitale a scapito di un maggiore rendimento, investendo in titoli di Stato con scadenze inferiori a tre anni o nei cosiddetti fondi liquidità o fondi obbligazionari a breve termine o più in generale in tutti quei prodotti a capitale garantito, in modo da essere sicuro di poter rientrare almeno dei tuoi soldi.

Inoltre, esistono dei conti di risparmio ad alto rendimento (in realtà al momento molto limitati), che consentono di guadagnare interessi e di accedere ai propri contanti in modo abbastanza rapido e senza penali. Abbiamo anche la possibilità di parcheggiare i nostri soldi nei conti deposito.

I **conti deposito** sono strumenti di investimento a breve termine e rappresentano una soluzione di parcheggio della liquidità in eccesso semplice e affidabile, in grado di assicurarti una rendita discreta, senza esporti a nessun tipo di rischio. Essi hanno ormai di fatto sostituito i più tradizionali *Pronti contro Termine* (PcT) e i *Certificati di Deposito* (CD).

In genere i conti di deposito necessitano di essere abbinati a un conto corrente (conto d'appoggio) tramite il quale vengono effettuati versamenti e prelievi.

La remunerazione è più elevata rispetto a quella prevista per un normale conto corrente e sono tutelati dal Fondo interbancario di tutela dei depositi, che garantisce la restituzione fino a 100.000 euro per depositante, in caso di fallimento della banca.

Il conto ha una limitata operatività, permettendoti di depositare la somma di denaro che hai stabilito e effettuare eventuali prelievi. Esistono due diverse tipologie di conti deposito:

- Il **conto deposito vincolato**: questa formula vincola la somma depositata per un certo periodo di tempo, che sarà stabilito in fase di sottoscrizione del contratto e che in genere oscilla da 1 a 36 mesi. Ciò vuol dire che non potrai disporre del denaro depositato prima della scadenza del vincolo, o solo dietro il pagamento di una penale. Il grande vantaggio di questa formula è quello di garantire un buon rendimento

- Il **conto deposito libero (non vincolato)**: questa formula ti consente di accedere alla somma depositata in qualunque momento e senza rispettare particolari procedure, ma in questo caso il rendimento sarà decisamente più contenuto

Adesso, considerato che attualmente il rendimento netto di un investimento in conto deposito vincolato a 12 mesi si attesta mediamente intorno all'1% e considerato che l'inflazione in Italia per il 2018 si è attestata sul 1,1%, possiamo dire che questi conti sono riusciti, almeno, a mantenere inalterato il nostro potere d'acquisto. Chiaramente siamo coscienti che sono offerte speciali e temporanee, il cui scopo ultimo è quello di attirare nuovi clienti, per questo dobbiamo valutare con attenzione le varie forme di impiego di liquidità, perché a regime fra costi e tasse il rendimento effettivo rischia di essere assai deludente.

Per gli obiettivi da realizzare nel **medio periodo (3/10 anni),** ad esempio acquisto di una macchina o dare l'acconto per l'acquisto di una casa, dobbiamo spostare la nostra impostazione dell'impiego dalla protezione alla **crescita**. Tradotto vuol dire accettare rischi maggiori al fine di accrescere il valore del capitale investito; quanto più è lungo il proprio orizzonte temporale tanto più elevato può essere il rischio assunto.

Senza immaginare chissà quali fantasmagoriche tecniche di investimento, algoritmi, strategie di trading, utilizzo di strumenti particolari o esclusivi, e chi più ne ha più ne metta, le parole magiche sono due:

- Aree
- Strategia di investimento

Tre/quattro sono le aree principali di investimento: **azionario**, per prendere valore dalla crescita economica mondiale; **obbligazionario**, come parte più difensiva del portafoglio e per bilanciare la parte azionaria (equity); real estate ovvero **immobiliare** e **materie prime** (tipicamente oro). In questo caso, **orizzonte temporale lungo e diversificazione sono i due fattori da utilizzare per far fruttare il proprio capitale.**

Ma procediamo con ordine, intanto diamo una definizione di **diversificazione**, ovvero la suddivisione del proprio investimento in diversi strumenti finanziari per cercare di ridurre il rischio totale. Grazie al fenomeno della de-correlazione (tendenza a muoversi in modo diverso) la somma di due attività rischiose riesce a ridurre il rischio complessivo di un portafoglio.

In finanza non esistono "pasti gratis" e il rendimento in più si paga, sempre; difatti, negli ultimi anni i mercati hanno ricordato in più occasioni questo assunto ai risparmiatori: dai bond argentini, alle diverse bolle azionarie, fino alla crisi dei debiti sovrani dell'eurozona. Il rischio non è mai stato legato soltanto al mondo azionario, ma finora questo era stato percepito meno dalla maggior parte dei risparmiatori. Una delle regole base per ridurre il rischio finanziario di un portafoglio titoli è dunque la diversificazione: in altre parole, devi distribuire il tuo patrimonio in beni diversi e questo aiuta a diminuire il rischio specifico e permette di posizionarne una parte in asset con più alte potenzialità di rendimento.

La regola principale dell'**Asset Allocation**, ovvero la distribuzione dei fondi disponibili fra le varie attività di investimento è:

- Diversificare fra tipi di investimento
- Diversificare fra mercati
- Diversificare nel tempo

Questo al fine di equilibrare nel miglior modo possibile il rendimento e il rischio. Un principio dobbiamo avere ben chiaro: **una adeguata diversificazione del portafoglio è strategica e l'azionario resta l'asset centrale per le strategie di lungo periodo.**

Volendo semplificare al massimo, e non potrebbe essere diverso in questa sede, nel caso di un investimento decennale l'obiettivo è la protezione dall'inflazione e un rendimento minimo a lungo termine, ovvero un tasso reale positivo. Ne consegue che nel nostro portafoglio dobbiamo necessariamente inserire, oltre alle obbligazioni e alla liquidità, anche una certa percentuale di azionario (diversificazione tra aree).

Percentuale minima almeno del 10% se sei un investitore difensivo (approccio passivo, no tempo o volontà, sforzo minimo) che va ad aumentare fino al 50% se viceversa sei un investitore intraprendente (tempo, esperienza e guida, approccio attivo, gestione dinamica e maggiori profitti attesi) e accetti una quantità di rischio maggiore.

Sempre per il principio che non dobbiamo mettere tutte le uova nello stesso paniere è chiaro che dobbiamo operare una diversificazione anche all'interno dei singoli comparti (diversificazione tra mercati). Tradotto in termini operativi vuol dire che ad esempio, per la parte di portafoglio investito in obbligazioni, non possiamo comprare solo titoli di Stato italiani ma occorre inserire anche titoli di altri paesi.

Lo stesso principio vale per la parte azionaria. Tenete conto che la borsa italiana pesa meno dell'1% della capitalizzazione dei listini globali e la sottoperformance degli ultimi anni pone al centro dell'attenzione la necessità di avere una massima diversificazione sui mercati. Di conseguenza, non possiamo certo investire tutta la parte azionaria in Italia, mentre maggiore può essere il peso che possiamo dare all'Italia nel mercato dei bond grazie all'alto indebitamento.

Perché conviene investire sull'intero listino azionario e non sulla singola azione? In un certo senso si confida sul fatto che, negli ultimi 100 anni, le società più grandi hanno sempre dimostrato un'incredibile resistenza, attraversando guerre, recessioni, e depressioni. E se un'azienda non riesce a tenere il passo, esce dalla lista ed è sostituita da un'altra più performante. Inoltre, se investiamo su un indice non abbiamo bisogno di pagare nessuno per scegliere quali azioni comprare, è già fatto tutto dall'indice stesso.

Ad esempio, l'**indice Standard & Poor's 500** (meglio noto come *S&P 500*) è un indice che comprende le 500 maggiori società statunitensi, quotate alla Borsa di New York o al NASDAQ, selezionate da Standard & Poor sulla base della loro capitalizzazione di mercato.

L'indice S&P 500 è un "barometro" ampiamente riconosciuto dal **mercato azionario statunitense** e, considerato che molte delle società che compongono l'indice sono delle multinazionali, anche di parte del mercato mondiale. Conviene allora investire su indici efficienti, come per esempio l'S&P 500, o per chi volesse rimanere in Europa, il DAX (l'indice del mercato tedesco) che è il punto di riferimento.

Sono entrambi indici che negli ultimi 30 anni hanno fatto scintille ottenendo rispettivamente il 728% e il 566%. Continueranno a fare queste performance? Non lo sappiamo anche perché nei prossimi anni i pesi economici potrebbero spostarsi a favore di altri Paesi, come sta già accadendo con la Cina.

Se non abbiamo voglia di acquistare diversi mercati, possiamo anche comprare l'MSCI World Total Return (è un indice di mercato azionario composta da 1.612 titoli di livello globale) che vanta negli ultimi 30 anni una performance del 541%.

Se siete abbastanza confusi nessun timore, proviamo a fare il riepilogo e simuliamo un portafoglio orientato alla crescita con un rischio medio, magari per assicurare, un domani, un buon percorso universitario ai figli. Il vantaggio è che se i bambini sono piccoli c'è almeno un decennio di tempo per fare crescere il nostro gruzzolo. Nel caso in cui abbiamo una somma disponibile da investire, possiamo ipotizzare di dividerla semplicemente in due: 40% azionario e 60% obbligazionario.

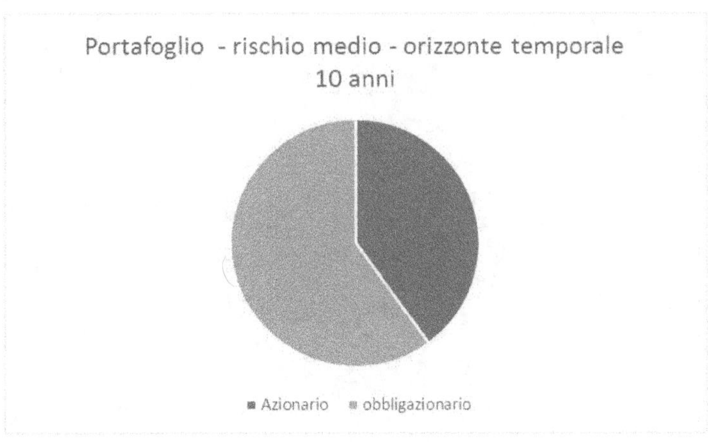

A sua volta la parte obbligazionaria possiamo frazionarla: 50% Europa, 30% America, 20% altre divise.

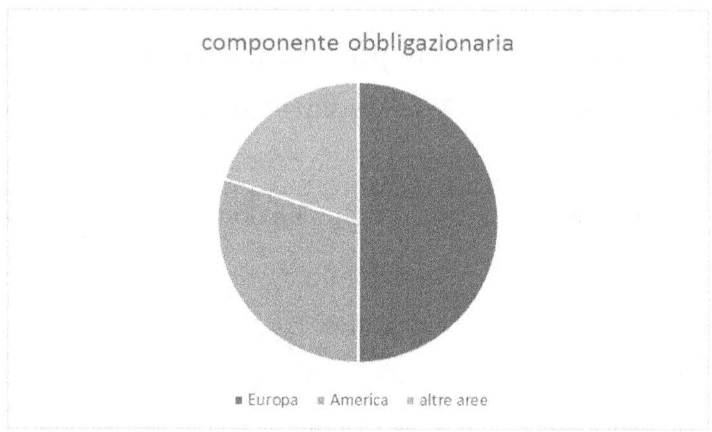

Della porzione azionaria invece la destinazione potrebbe essere: 40% azionario Europa, 40% azionario America e 20% altre aree.

Ma noi non vogliamo complicarci la vita e nonostante la diversificazione sia un'arma obbligatoria, bisogna saperla usare evitando di disperdere le asset class in mille rivoli con una moltiplicazione dei costi.

Oggi grazie agli ETF è possibile costruire portafogli diversificati che garantiscano il raggiungimento in modo semplice ed economico di un ampio grado di diversificazione. Ad esempio, adesso semplicemente con un ETF azionario globale e un ETF obbligazionario globale si può avere la massima diversificazione.

Una doverosa puntualizzazione: di ETF ne esistono ormai a migliaia è dunque necessario un minimo di attenzione al momento della scelta. Quando selezioniamo gli ETF, è bene precisare che i costi sono solo una delle voci a cui dobbiamo prestare attenzione. Il processo di selezione deve strutturarsi intorno ad alcuni criteri fondamentali, con diversi livelli di importanza:

- Costi di gestione
- Costi di transazione
- Strategia di replica

- Qualità del provider: restringendo il campo solamente ad aziende di primissima fascia

- Liquidità: scegliere strumenti con ampie masse in gestione e un ampio numero di negoziazioni giornaliere

- Liquidità dei sottostanti: scegliere fondi che investono in prodotti altamente liquidi, per evitare situazioni di stress in caso di turbolenza di mercato

- Replica: scegliamo i provider che hanno saputo replicare meglio l'indice su cui il fondo investe

Se investiamo nel lungo termine sono preferibili gli etf semplici (no effetto leva che amplificano per due o più volte il sottostante), che abbiano un sottostante reale (ad esempio oro o titoli fisici), che siano molto liquidi e vengano proposti da grossi e affidabili emittenti.

Infine, nella **parte obbligazionaria** del nostro portafoglio non devono mancare i titoli indicizzati, tra cui ad esempio il BTP Italia. Anzi un risparmiatore attento deve puntare sempre sugli indicizzati, che proteggerebbero pienamente le somme investite nel caso di una vigorosa ripresa dell'inflazione.

Terza possibile strategia/opportunità: **diversificare nel tempo.** Nel caso in cui non abbiamo tutta la somma immediatamente disponibile da investire o vogliamo evitare di entrare nel mercato azionario in un momento sbagliato, lo strumento principe per attuare una simile diversificazione sono i PAC.

Il Piano di Accumulo del Capitale (**PAC**) permette, sulla base di un programma personalizzato e automatico, di acquistare quote di un qualsiasi strumento finanziario investendo periodicamente un importo fisso. In questo modo è possibile beneficiare delle opportunità che si vengono a creare sui mercati nel medio-lungo termine, scongiurando il rischio di sbagliare il *timing* di sottoscrizione (tipico di chi investe in un'unica soluzione).

Tramite il PAC, l'investitore acquista in tutte le condizioni di mercato (sia quando la Borsa sale che quando scende) piccole quote che vanno ad accumulare la propria posizione. Riesce così a mediare il prezzo di acquisto e di conseguenza il rischio medio dell'investimento. Alla diversificazione tipica del risparmio gestito si aggiungono così i vantaggi di una diversificazione di tipo temporale.

Il PAC rappresenta inoltre un vero e proprio antidoto per gestire l'emotività legata al saliscendi delle Borse. Una volta stabilita la periodicità dell'investimento (mensile, trimestrale o semestrale), l'importo della rata (100, 200, 500 euro, ecc.) e lo strumento di destinazione, il meccanismo automatico permetterà di non preoccuparsi più di tanto di come stiano andando i mercati.

Anzi, a differenza di quando si effettua l'investimento tutto in una volta, con il PAC le correzioni delle Borse rappresentano delle opportunità, poiché a parità di rata si sottoscrive un numero maggiore di quote. In sostanza, il PAC è il modo per far lavorare a tuo vantaggio la volatilità del mercato. I piani di accumulo nascono per rivolgersi a ogni tipo di risparmiatore, soprattutto a colui che, nonostante la poca liquidità che ha a disposizione, vuole comunque investire sui mercati delle azioni e delle obbligazioni.

La cosa fondamentale, in un piano di accumulo di capitale, è il fattore **costanza**: si investe poco ma in modo costante e continuativo. Per venire incontro alle più diverse esigenze del risparmiatore è possibile personalizzare nel dettaglio il proprio piano di accumulo al momento della sua sottoscrizione: fattori come il numero delle rate da versare, il loro importo e la durata dell'investimento vengono decisi a seconda delle proprie possibilità e del profilo di rischio del risparmiatore all'avvio del piano. Un consiglio: se optate per un Piano di Accumulo usate il sistema DCA.

Questo sistema è una strategia di ispirazione statunitense nota come Dollar Cost Averaging (DCA), una tecnica di investimento che consiste nell'acquistare un importo fisso di euro su un particolare strumento finanziario a ritmi regolari, indipendentemente dal livello del prezzo per azione o ETF o quote di fondi, ecc.

L'investitore in questo modo compra più quote quando il prezzo è più basso e meno quote quando il prezzo è più alto. La premessa è che la DCA abbassa il costo medio per quota nel corso del tempo, incrementando le opportunità di guadagno. Per chi invece ha un gruzzolo da investire subito, l'altra sigla da conoscere è **PIC (piano di investimento di capitale).** Il PIC infatti consiste nell'investimento unico in uno o più fondi. In poche parole, il nostro capitale viene allocato direttamente mediante un unico versamento, con l'obiettivo di farlo crescere nel tempo. Il PIC dunque è la soluzione che sarà scelta prevalentemente da chi, per svariate ragioni, detiene già un capitale da far fruttare.

Questo è il caso, per esempio, dei pensionati che hanno a disposizione liquidità e TFR, di chi ha ereditato capitali, di chi riesce a risparmiare somme consistenti. Il grosso vantaggio del PIC è dunque quello di meglio sfruttare la capitalizzazione composta, riuscendo ad accrescere il proprio valore in periodi di tempo non per forza lunghi, ma anche nel medio termine.

In questo caso, tralasciando la parte del **market timing** (strategia d'investimento attraverso la quale si cerca di cogliere il momento più profittevole per operare sui mercati), che ritengo molto difficile e piuttosto pericolosa da attuare, assume fondamentale importanza il concetto della diversificazione. È chiaro infatti che se investo il mio capitale sui massimi piuttosto che sui minimi di mercato i risultati, per il mio portafoglio, possono essere molto diversi.

Se ho a disposizione un capitale importante, per i più prudenti sarà sempre meglio suddividere l'investimento in diverse asset class.

Al contrario, per chi cerca il rendimento potenziale massimo, consapevole dei maggiori rischi, il consiglio è di scegliere sempre indici azionari efficienti e ben diversificati.

Se invece io ho un capitale da investire e voglio ugualmente assicurarmi i vantaggi del PAC (diversificazione nel tempo) come posso fare?

Abbiamo una soluzione quasi per tutto; in questo caso la parola d'ordine è **progressività.** Tenuto conto che il PAC supera il problema del market timing tipico del PIC, permettendo un approccio graduale e sistematico ai mercati, possiamo inizialmente investire l'intero capitale sui mercati obbligazionari e programmare di spostare sistematicamente una parte nell'azionario fino al raggiungimento della percentuale stabilita.

In questo modo, il piano di accumulo ci permette di gestire meglio l'emotività (magari automatizzando gli spostamenti), in modo da avere la garanzia di investire anche quando i mercati scendono, azione che l'emotività, in periodi negativi, ci impedisce di compiere. L'ingresso frazionato nel tempo consente di mediare i prezzi d'acquisto e sono proprio i periodi di maggior ribasso a garantire nel tempo le crescite più importanti.

Tieni conto che la lista dei tuoi investimenti non dovrebbe essere lunghissima. Non esiste un numero "corretto" per gli impieghi che dovresti possedere, ma una volta superata quota cinque o sei, è probabile che tu abbia delle sovrapposizioni o che ti avventuri in investimenti arcani di cui non hai bisogno.

Al contrario devi capire come funziona un determinato prodotto e, di conseguenza, perché ne hai eventualmente bisogno.

Infine, affrontiamo **l'investimento di più lungo periodo con obiettivo superiore ai 10 anni,** tipicamente una rendita periodica per integrare la pensione. Anzitutto devi tenere presente che il lungo termine non è la somma di tanti brevi termini. Come investitore individuale puoi vincere, ma solo se non cerchi di battere i professionisti al loro gioco, non cercare di battere il sistema; non provarci nemmeno. È un gioco molto difficile, è come giocare a poker con i migliori giocatori del mondo.

Invece di provare a competere, bisogna imparare che c'è un modo passivo per vincere. C'è un modo per non mettere tutte le uova nello stesso paniere e un modo per proteggersi da ogni calo. Sappiamo che, per quanto possiamo essere bravi, ci possiamo sbagliare, per cui dobbiamo avere anche un piano per proteggerci.

Per avere un'idea di come possiamo strutturare un portafoglio statico, ossia dove non si compra e vende in continuazione, limitandosi solo a un ribilanciamento periodico (ne parleremo dopo), possiamo sicuramente fare riferimento al cosiddetto "All Seasons Portfolio di Ray Dalio" che tradotto in italiano è: *portafoglio per tutte le stagioni*, la cui fama è dovuta anche al fatto che il portafoglio in questione viene citato in un noto libro di Tony Robbins sulla libertà finanziaria.

Chiaramente questo tipo di diversificazione presuppone una maggiore conoscenza della materia, ma forzo volontariamente la mano per spingervi, nel tempo, ad approfondire l'argomento "composizione portafoglio". Ray Dalio inizia facendo una semplice riflessione: un portafoglio investito 50% azionario e 50% obbligazionario è davvero equilibrato? In realtà essendo le azioni mediamente 3 volte più rischiose delle obbligazioni, nel caso di un portafoglio 50/50, il tuo rischio diventa molto più alto.

Inoltre, ci sono 4 cose che secondo Ray muovono il prezzo dei beni:

- Inflazione
- Deflazione
- Aumento della crescita economica
- Rallentamento della crescita economica

Di conseguenza ci sono 4 possibili situazioni o stagioni economiche, che condizionano gli investimenti (i prezzi dei vari asset). Esse sono:

- Inflazione superiore alle attese (prezzi in crescita)
- Inflazione inferiore alle attese (o deflazione)
- Crescita economica superiore alle attese
- Crescita economica inferiore alle attese

Di seguito, il grafico che sintetizza quanto detto.

Quello che Ray fa è mettere la stessa percentuale di rischio in ogni quadrante; così facendo non è esposto in nessuna particolare condizione. Ci sono asset che lavorano bene in alcuni quadranti e altri che si comportano molto male, ma nel complesso i risultati sono più che soddisfacenti proprio per il fatto che il portafoglio è ben diversificato e contiene tutti i principali asset.

La conclusione è che spalmando il rischio nelle principali asset class, anche in virtù del principio dei vasi comunicanti, nel lungo periodo farsi male è una possibilità abbastanza remota. Più nel dettaglio, la composizione di questo portafoglio è la seguente:

- 30% azionario
- 40% obbligazionario lungo termine
- 15% obbligazionario medio termine
- 7,5% oro
- 7,5% commodities

Questo portafoglio si basa su alcuni presupposti:

- Non fare market timing
- Non fare previsioni su cosa succederà al mercato
- Risk parity

Mentre le prime due voci sono abbastanza intuitive è necessario spendere due parole sul risk parity. Semplificando molto possiamo dire che la strategia risk parity si propone come una alternativa alla tradizionale asset allocation e partendo dal principio che il rischio è diverso tra una classe di attività e un'altra, le quote di portafoglio allocate nelle diverse classi di attività vengono corrette sulla base delle volatilità, ovvero si tiene conto anche del rischio. Un portafoglio costruito sulla base di questo principio risolve il problema per cui, nell'asset allocation tradizionale, la maggior parte dei rialzi e dei ribassi è legata all'andamento della componente in azioni: un portafoglio risk parity avrà invece un profilo rischio/rendimento migliore e in particolare fornirà un livello più elevato di rendimento a parità di rischio. Questo è il grafico che viene riportato:

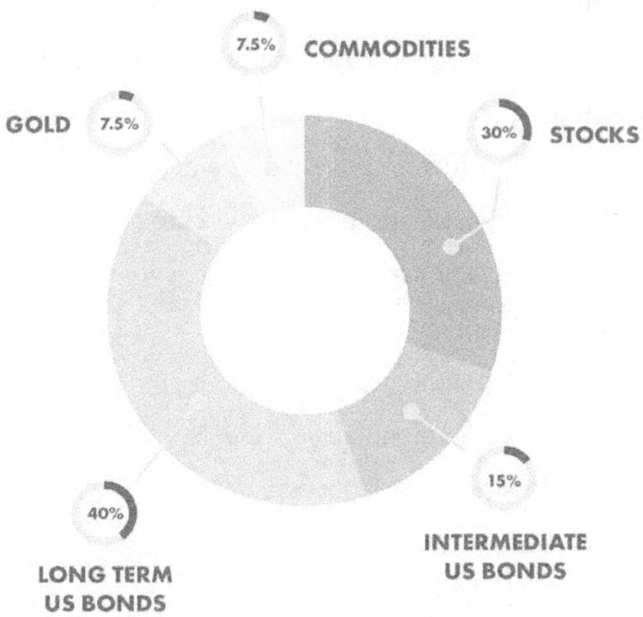

Bello, ma come replicarlo in pratica? Considerato che esistono degli ETF per qualsiasi tipo di asset che vogliamo acquistare, è possibile costruire un portafoglio diversificato che garantisca il raggiungimento, in modo semplice ed economico, di un ampio grado di diversificazione. Questo potrebbe essere il portafoglio:

- **55% in obbligazioni di cui:**
  - o 10% TIPS inflation linked
  - o 5% obbligazionario governativo americano a medio termine
  - o 10% obbligazionario governativo americano a lungo termine
  - o 5% obbligazionario governativi emergenti
  - o 10% obbligazionario governativi euro
  - o 20% obbligazionario corporate
- **30% azioni di cui:**
  - o 10% mercati emergenti
  - o 12% azionario mondiale
  - o 8% azionario USA large cap
- **15% in commodities di cui:**
  - o 7.5% materie prime

o 7.5% oro

o 5% bitcoin (rimuovendo la % all'obbligazionario)

Occorre tuttavia rilevare che la strategia risk parity non punta tanto ad aumentare la performance in termini assoluti, **quanto a un migliore comportamento del portafoglio nelle fasi negative** dei mercati.

Il ribilanciamento

Ritorniamo per un attimo alla nozione di portafoglio: **si tratta semplicemente di un complesso di investimenti diversi che metti insieme per tentare di massimizzare i tuoi rendimenti finanziari.** Tuttavia, non basta semplicemente scegliere un orizzonte temporale per impostare una strategia di investimento.

Occorre ovviamente, oltre a mettere in campo un'efficiente diversificazione, adottare una gestione del portafoglio per ottimizzare le performance. In questo senso, la mossa più funzionale è il cosiddetto **ribilanciamento.**

Si tratta di una mossa apparentemente controintuitiva perché va a ridurre il peso degli asset in guadagno a favore degli asset in perdita ma, nel lungo termine, i benefici sono soprattutto in termini di minore volatilità e riduzione del rischio. L'attività di ribilanciamento è fondamentale per assicurare che un investimento mantenga un profilo di rischio/rendimento coerente con gli obiettivi prefissati.

Da non sottovalutare, poi, la parte costi (che affronteremo in dettaglio nel prossimo capitolo). Per adesso diciamo solo che ogni movimento di portafoglio ha degli oneri e inoltre la legislazione fiscale italiana non agevola di certo queste operazioni. Il ribilanciamento rimane comunque indispensabile per il raggiungimento degli obiettivi nel lungo termine. Come possiamo attuarlo in modo semplice?

Unicamente costruendo una tabella dove nelle righe indicheremo i nostri strumenti finanziari ad esempio ETF e nelle colonne i periodi in cui dobbiamo procedere a una revisione delle nostre percentuali. Come funziona? Per ognuno dei 5 possibili ETF azionari e obbligazionari che possono essere utilizzati, viene indicato ogni semestre (o trimestre o anno) il peso in percentuale di presenza in portafoglio, in modo da poter essere facilmente replicato.

ASSET	I 2020	II 2020	I 2021	II 2021	I 2022	II 2022	I 2023	II 2023	I 2024
Az. America	20								
Az. Euro	20								
Az. altre aree	10								
Obblig.Euro	30								
Obblig. estero	20								

Alla fine di ogni semestre si verificano le nuove percentuali, in base a come si sono mossi i mercati, e si ribilancia il portafoglio per riportarlo ai valori decisi durante la fase iniziale di pianificazione. In questo modo possiamo massimizzare la crescita del capitale investito e avere un controllo rigoroso del rischio soprattutto nelle fasi di maggior volatilità dei mercati. È facile da replicare e ti impegna 2 volte l'anno, zero discrezionalità e dunque zero emotività.

Prima di chiudere questo capitolo vorrei approfondire tre temi che, nell'arco della vita, riguardano quasi tutti: la casa, la pensione e i figli. Sono i tre traguardi più importanti nella vita di una persona o di una famiglia e non possono essere assolutamente trascurati.

In questi casi non ci si può accontentare di accantonare parte del reddito ma si vuole qualcosa in più, si vuole aumentare la ricchezza impiegando i risparmi in modo strategico. Nel fare questo ci si priva dei risparmi per un periodo definito con l'intento di far crescere il capitale investito in modo da raggiungere un preciso obiettivo di vita.

L'acquisto della casa

Quando si parla di pianificare l'acquisto di una casa, non possiamo non sottolineare un altro importante aspetto della nostra organizzazione: spesso per comprare un appartamento occorre contrarre un mutuo. Al contrario del risparmio, indebitarsi significa anticipare i consumi futuri e, quindi, significa limitare la tua capacità di spesa futura. Occorre dunque evitare l'errore di acquistare una casa più costosa rispetto a quella che ci si può permettere.

Tieni conto che, se la rata mensile sta assorbendo una quantità significativa del tuo reddito netto (il 40% o più), stai limitando davvero il denaro che dovresti destinare agli altri tuoi obiettivi finanziari. Nel pianificare le uscite per il finanziamento della casa, una buona regola, peraltro indicata dalla Banca d'Italia, è di non contrarre prestiti per oltre il 30% delle proprie entrate, sommando tutti i debiti in essere (la rata della macchina, carta di credito, prestiti personali).

Questo serve anche per avere un profilo più affidabile al momento della valutazione da parte dell'istituto di credito, che effettuerà uno screening sul rapporto rata/reddito. I consigli relativi al solo punto di vista economico sono:

- Cerca di anticipare la maggiore somma possibile, in modo da chiedere un mutuo inferiore e pagare meno interessi. Pianifica dunque fra quanto tempo vuoi fare l'acquisto e la somma che pensi di versare in contanti. A questo punto considera la possibilità di un Piano di Accumulo di Capitale (PAC), assicurandoti, specialmente se l'acquisto è previsto prima dei tre anni, la salvaguardia del capitale.

- Confronta i mutui: paragona i mutui offerti dalle diverse banche e valuta l'opzione più adatta alle tue esigenze, Calcolando bene tutte le spese da aggiungere al prezzo dell'immobile, ovvero anche le spese accessorie, quali ad esempio la tariffa d'intermediazione dell'agenzia immobiliare, le spese notarili e l'imposta di registro.

- Infine, valuta se scegliere il tasso fisso o variabile. Nel tasso fisso, il tasso di interesse rimane fisso per tutta la durata del mutuo se si vogliono pagare rate uguali e conoscere da subito l'ammontare complessivo del debito; il vantaggio è che si può pianificare la spesa con certezza nel bilancio familiare, eliminando il rischio legato all'incremento dei tassi. Nel tasso variabile, il tasso di interesse varia in relazione all'andamento di uno o più parametri specificatamente indicati nel contratto di mutuo (inflazione, aumento del costo del denaro ecc.), se si vuole scommettere sull'andamento futuro dell'economia.

La Pensione

Non meno impegnativa è la pianificazione del proprio futuro pensionistico. Ecco la nuova realtà: ci stiamo avvicinando a grande velocità a un'aspettativa di vita di 100 anni, e con una durata così lunga ci aspettano molti più anni di pensione. Questa è sicuramente una benedizione ma dobbiamo anche essere pronti ad affrontarla; anche perché il rischio peggiore che possiamo correre è **sopravvivere ai nostri soldi.**

In ogni caso, la rete di sicurezza sociale non credo sarà in grado di garantirci un livello di vita accettabile. Molti di noi trovano il problema talmente doloroso e opprimente che lo ignorano sperando che passi, ma in questo modo corrono seriamente quello che viene definito il **Longevity risk (rischio longevità).**

Tra poco più di 20 anni, nel 2040, nell'Unione Europea oltre un quarto della popolazione sarà composto da utrasessantacinquenni. Con l'aspettativa di vita in aumento, risparmiare a sufficienza per avere un reddito adeguato durante gli anni della pensione diventa sempre più vitale. Il cosiddetto Longevity risk, non è altro che il rischio potenziale associato all'effettiva durata della vita, che può arrivare a superare significativamente quelle che sono le nostre aspettative.

Questa longevità significa che le persone trascorreranno più anni senza lavorare e con risparmi che potrebbero non essere sufficienti a mantenere un tenore di vita adeguato. Occorre necessariamente ripensare al concetto di pensione, assumendosi la responsabilità del proprio futuro previdenziale destinato a spostarsi dalle spalle dello Stato a quella del singolo.

Un processo che necessita di un'adeguata alfabetizzazione finanziaria; i due passaggi fondamentali sono:

- Nella fase di accumulo, iniziare presto
- Nella fase di decumulazione, gestire le risorse pensionistiche senza sottovalutare la propria aspettativa di vita in modo da evitare una pianificazione troppo breve

Chiaramente, un'adeguata informazione fa sempre la differenza. Fra i vari principi chiave per un approccio consapevole al rischio di longevità quelli che ritengo più importanti sono due:

- Adeguatezza, che consiste nel capire e definire un "reddito adeguato" a livello individuale in modo da pianificare, di conseguenza, la cosiddetta fase di accumulo
- Sostenibilità, nel senso di un sistema costruito su basi solide nel lungo termine

Come vogliamo scegliere di comportarci? È chiaro come non ci siano prospettive positive in questa direzione, ma è altrettanto chiaro che, pensare al domani, vuol dire fare rinunce, a volte anche importanti oggi.

Noi non sappiamo cosa accadrà domani alle nostre vite, questo lo deciderà qualcun'altro molto più in alto di noi, tuttavia sappiamo che se arriveremo, come le statistiche demografiche confermano, molto avanti con l'età, dovremo fare in modo che quella parte, a volte molto lunga della nostra vita, possa essere tutelata in termini di **"indipendenza finanziaria"**.

Una cosa è certa, prima si comincia ad accantonare per la previdenza, meno sacrifici bisognerà fare. Una delle più importanti aziende americane nel settore del risparmio, e tra le più attive in quello previdenziale, ha messo giù una regola semplicissima, che ci fa comprendere la strada da seguire: *"i fattori che incideranno sugli obiettivi di risparmio – spiegano – comprendono l'età in cui si prevede di andare in pensione e lo stile di vita che si spera di avere in pensione. La chiave è agire il più presto possibile per non trovarsi in difficoltà domani, ma soprattutto per sfruttare la crescita dei mercati nel lungo periodo".*

Il tuo pensionamento deve essere ben preparato; solo così riuscirai a ottimizzare la tua situazione finanziaria dopo la vita lavorativa.

1. Quando andare in pensione

L'età in cui si prevede di andare in pensione può avere un grande impatto sulla quantità di denaro da mettere da parte. Più a lungo si può posticipare, più basso sarà il fattore di risparmio su cui dover contare.

Questo perché il ritardo consente ai risparmi di avere più tempo per crescere e si avranno meno anni di pensionamento, per cui il beneficio previdenziale sarà più alto.

Naturalmente, non si può sempre scegliere quando andare in pensione: la salute e la disponibilità di lavoro potrebbero essere fuori dalla nostra portata decisionale. Ma una cosa è chiara: lavorare più a lungo renderà più facile raggiungere gli obiettivi di risparmio.

2. Come si vuole vivere in pensione

Per iniziare può essere corretto partire dalla fine, ovvero domandarsi "Che capitale mi servirà, una volta in pensione?". Una domanda difficile, a cui oggi però è possibile rispondere grazie a dei simulatori, anche online, tenendo in considerazione il fatto che il reddito si ridurrà al momento del pensionamento. Se mi aspetto una decurtazione del 25% rispetto all'ultimo stipendio (il cosiddetto Tasso di Sostituzione), dovrò cercare di pianificare una rata di pensione integrativa che mi consenta di colmare questo gap.

Qui non si ha la pretesa di prevedere il futuro, ma di definire una rotta. Si tratta di evitare che l'uscita dal mondo del lavoro corrisponda a una drastica riduzione del proprio livello di reddito. Bisogna, quindi, cercare di incrementare il proprio tasso di copertura previdenziale costruendosi una pensione complementare che dovrebbe costituire almeno il 20% dell'ultimo stipendio.

Intanto, per fare chiarezza, qui di seguito ho riassunto l'attuale schema della previdenza esistente in Italia.
In particolare, il secondo e il terzo pilastro sono le forme di previdenza che si aggiungono a quella obbligatoria ma non la sostituiscono.

I tre pilastri della previdenza

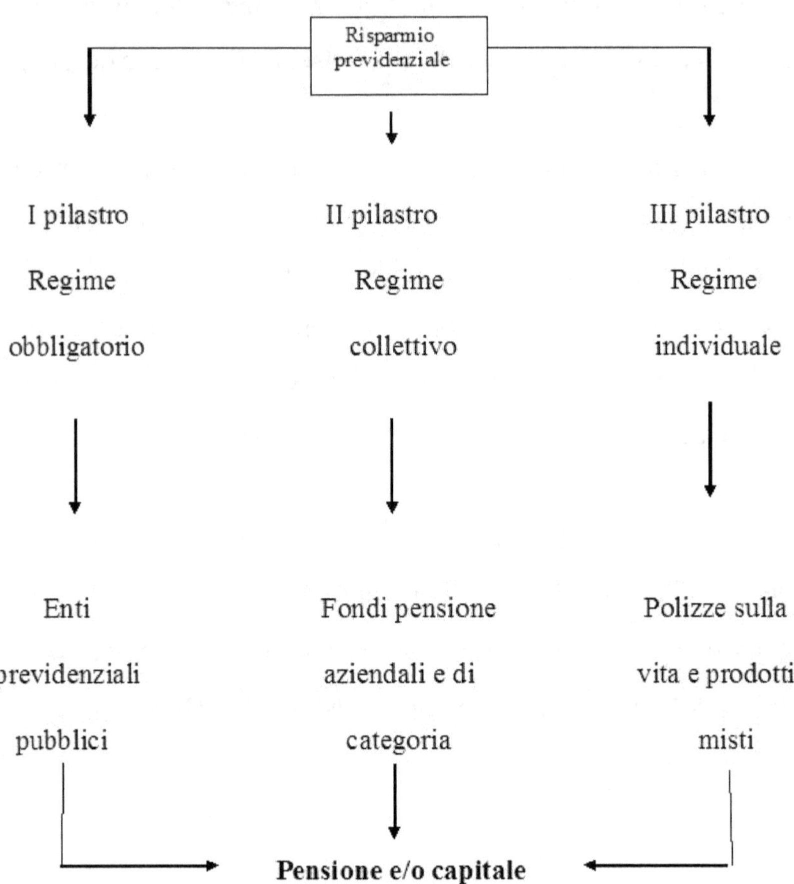

In altri termini, aderire alla **previdenza integrativa** significa accantonare regolarmente in una forma pensionistica complementare (fondo pensione chiuso, aperto o piano individuale pensionistico) una parte dei risparmi durante la vita per ottenere una pensione che si aggiunga a quella corrisposta dagli enti di previdenza obbligatoria (INPS, INPDAP, ecc.).

Adesso, indipendentemente dal regime a cui si vuole aderire (complementare o integrativo che in questa sede non possiamo certo approfondire) una cosa è scontata: più è alto il tenore di vita che si prevede di mantenere, più alta sarà la somma da accantonare. La chiave, comunque, è agire:

- Prima si comincia, meglio è
- Prima si comincia, meno sacrifici bisognerà fare
- Prima si comincia, più alti saranno i benefici finanziari

Ci si interroga sul perché nonostante la maggioranza delle persone ritenga che la propria pensione futura non sarà soddisfacente, gli italiani non investono in programmi pensionistici complementari.

I dati ci dicono che le somme investite dagli italiani in fondi pensione e pensioni integrative rimangono contenute e rappresentano appena il 9,6% del PIL, uno dei più scarsi tra i Paesi dell'OCSE (dati 2017).

Probabilmente il motivo principale è la mancanza di conoscenza di questo prodotto che si ritiene peraltro molto costoso. In realtà questo motivo appare infondato, dato che i costi per i fondi pensione integrativi sono meno di un quarto di quelli dei fondi comuni e di altri prodotti pensionistici privati. La conclusione è che i fondi pensione complementari sono spesso incompresi.

Naturalmente abbiamo sempre la possibilità di crearci una pensione integrativa "fai da te". Dovremo rinunciare ai numerosi vantaggi fiscali ma avremo, a patto di sapere bene cosa fare, una maggiore flessibilità sia nella fase di accumulo che nella fase di spesa.

Esistono, ad esempio, i **Bond indicizzati all'inflazione** dove gli interessi pagati e anche la somma versata alla scadenza sono regolati in base all'andamento dei prezzi al consumo. Se l'inflazione scende durante il periodo di investimento, si otterrà almeno il capitale investito all'inizio. Questo è un ottimo strumento che possiamo utilizzare nella fase di accumulo, soprattutto se manca poco alla pensione, o nella fase del consumo per garantirci il capitale e prelevare anche piccole somme.

Altra alternativa per creare una pensione integrativa "fai da te" è ricorrere alle obbligazioni Zero Coupon (ne abbiamo parlato nel capitolo 2). In questo momento storico con tassi pari a zero non risulta molto conveniente ma se, un domani, dovessero aumentare potrebbe risultare una valida strategia.

Il meccanismo è abbastanza semplice: se hai una somma di cui sei sicuro di poter farne a meno e certo di non doverla utilizzare, ti puoi dotare di una sorta di pensione integrativa in maniera molto semplice e a costi sicuramente inferiori rispetto ad altri prodotti in commercio.

In questo caso, dobbiamo ricorrere ai titoli "zero coupon" che sono obbligazioni prive di cedola e garantiscono il rendimento unicamente attraverso la differenza tra il prezzo di emissione e il prezzo di rimborso.

Le caratteristiche di questi titoli sono:

- Hanno una scadenza piuttosto lunga (dai 15 ai 30 anni)
- Non ci si deve preoccupare del re-investimento delle cedole
- L'investimento iniziale viene ripagato in un'unica soluzione alla scadenza finale del titolo

Ripeto: è fondamentale aspettare la scadenza in quanto queste obbligazioni sono molto sensibili alle oscillazioni dei tassi e occorre tenere conto che il valore del titolo, nel corso della sua vita, può ridursi in maniera significativa. Gli zero coupon più diffusi sono quelli emessi da enti sovranazionali o dal governo francese.

Il guadagno è dato dallo **scarto di emissione**, cioè dalla differenza tra il **valore di rimborso**, che è alla pari, e quello d'acquisto che, come abbiamo detto, è inferiore. Inoltre, la differenza tra il costo iniziale e quello finale (gli interessi maturati) si può destinare immediatamente all'acquisto di prodotti più rischiosi, ad esempio azioni italiane su cui incasseremo anche i dividendi, che a loro volta possiamo reinvestire.

Dove investire per i figli

Indubbiamente, una volta il più bel regalo che un genitore o un nonno previdente potesse fare al proprio figlio o nipote era un libretto di risparmio. Oggi, tuttavia, gli scenari – anche di investimento – sono cambiati e i Buoni Fruttiferi Postali non raddoppiano o triplicano più il capitale come una volta e, attualmente, i tassi variano dallo 0,25% allo 0,5% lordo; di conseguenza, i rendimenti su un investimento decennale saranno inferiori all'inflazione, seppur con un minimo di rendimento nominale.

Un'alternativa estremamente valida è offerta dai fondi pensione. Del resto, il concetto alla base della previdenza complementare è l'accantonamento di risparmi che andranno a determinare un capitale di cui beneficiare sotto forma di rendita, che va ad aggiungersi al trattamento pensionistico pubblico.

Vien da sé che prima si aderisce a una delle forme della previdenza complementare, tanto maggiore sarà l'eventuale convenienza futura della propria scelta. Contrariamente a quanto si sia facilmente portati a pensare, non bisogna attendere la maggiore età per aderire a un fondo pensione. La normativa vigente prevede infatti la possibilità di adesione alla previdenza complementare anche per minori e soggetti fiscalmente a carico.

Dunque, iscrivere un ragazzo o un bimbo è sicuramente una scelta utile, oltre che per il futuro del giovane, anche per la sua educazione sociale al risparmio. Inoltre, ci sono anche i vantaggi fiscali correlati all'adesione: l'operazione è conveniente anche perché le quote sono deducibili dal reddito di chi versa.

Supponiamo ad esempio che una mamma abbia un'aliquota fiscale sul reddito soggetto a IRPEF del 38%: se versa 1.000 euro l'anno sul fondo del figlio, avrà uno sconto fiscale, al momento del pagamento delle tasse, di 380 euro; l'investimento nel fondo gli sarà cioè costato 620 euro.

Non solo, quando il ragazzo andrà alle superiori o all'università e magari avrà bisogno di qualche anticipo, potrà prelevare dal suo fondo pensione fino al 30% della giacenza, che potrà poi restituire recuperando le tasse pagate; potrà poi allo stesso modo prelevare fino al 75% per ristrutturare la casa paterna o di famiglia o per comprarsene una nuova.

Una soluzione, dunque, che trova anche nella flessibilità di utilizzo dei risparmi accantonati, oltre che nella convenienza fiscale, uno dei suoi punti di forza.

Non dimentichiamo che il tempo è la risorsa più importante, anche piccoli versamenti, magari costanti nel tempo, possono dare ottimi risultati su tempi lunghi e in questo caso il tempo è molto lungo; parliamo di almeno 50 anni supponendo che un domani i nostri figli o nipoti continueranno il piano da noi iniziato.

Riepilogo del capitolo 3:

- Segreto n. 1: evitiamo l'accumulo non finalizzato.

- Segreto n. 2: dagli obiettivi personali dipendono l'orizzonte temporale, la propensione al rischio e le aspettative di rendimento.

- Segreto n. 3: la definizione degli orizzonti temporali delle nostre esigenze è fondamentale.

- Segreto n. 4: orizzonte temporale lungo e diversificazione sono i due fattori da utilizzare per far fruttare il proprio capitale

- Segreto n. 5: il PAC è il modo per far lavorare a tuo vantaggio la volatilità del mercato.

- Segreto n. 6: il lungo termine non è la somma di tanti brevi termini.

- Segreto n. 7: il tuo pensionamento deve essere ben preparato.

Capitolo 4:
Come ottimizzare le strategie

Investiamo minimizzando i costi e massimizzando i rendimenti
L'asset allocation o allocazione delle risorse è la strategia a lungo termine per diversificare gli investimenti ed è la più importante decisione della tua vita da investitore, più importante dei singoli impieghi. Da essa dipende il 100% del rendimento ed è più della semplice diversificazione.

Vuol dire ripartire i tuoi soldi in diverse categorie di investimento (azioni, obbligazioni, materie prime o immobili) e in proporzioni ben precise e prestabilite in base ai tuoi obiettivi o alle tue esigenze, alla propensione al rischio e alla fase della tua vita. Non sono concetti semplici e quindi ti chiedo la massima attenzione.

Non importa che tu abbia 1.000 o 100.000 euro da investire, sono principi che valgono sempre e sono fondamentali.
Perché diversificare? Ray Dalio (uno dei più grandi investitori del nostro tempo), dichiara *"è quasi sicuro che, dovunque tu metta i tuoi soldi, prima o poi arriverà un giorno in cui perderai dal 50 al*

70% di quel determinato asset". A questo punto ci vorrebbe una di quelle faccine (emoticon) tanto in uso per descrivere l'espressione inorridita del lettore.

Se tu hai investito tutto in azioni, immobili, o materie prime potresti perdere buona parte del tuo capitale; ecco perché devi diversificare. Inoltre, abbiamo detto nei capitoli precedenti che, per essere un investitore di successo, devi riequilibrare il tuo portafoglio a intervalli regolari, ovvero fare il contrario di quello che vorresti. In questo modo aumenti le probabilità di vincere che poi sono quelle che ti garantiscono il successo.

Ma tutto questo non basta. Negli ultimi anni, comprare bond sicuri e portarsi e casa almeno il 3% per rimanere sopra il tasso di inflazione e guadagnare qualcosa non è certo facile; se poi si vuole rimanere all'interno dell'area euro è praticamente impossibile. Per avere cedole più ricche occorre uscire dai confini nazionali ed europei e spostarsi sulle emissioni in valuta.

Le divise più redditizie sono quelle emergenti come ad esempio il rand sudafricano. Mentre i bond più trattati sono quelli di BEI

(Banca Europea degli investimenti) e altre istituzioni sovranazionali; emissioni con elevata affidabilità dove la variabile più importante è quella valutaria. Infatti, se le divise si deprezzano molto, annullano i benefici delle cedole.

Sappiamo inoltre che la parte obbligazionaria va a coprire le strategie più difensive e meno rischiose di un'asset allocation e non può essere sostituita con l'azionario, a meno che non si voglia alzare decisamente l'asticella del rischio. Ma abbiamo un altro modo per alzare i rendimenti o meglio abbiamo altre due strade da percorrere:

- La razionalizzazione dei costi
- L'ottimizzazione fiscale

Detto in altri termini, minimizzare i costi è la strada maestra per ottenere dei rendimenti più elevati a parità di rischio.

Iniziamo dal costo dell'investimento
Oggi trovare un extra rendimento in una fase di tassi negativi o prossimi allo zero è un'impresa assai ardua. La conseguenza è che

sta crescendo più velocemente del previsto la domanda per quei prodotti le cui commissioni erodono il meno possibile le ormai scarse performance di portafoglio.

Legare ritorni interessanti a un basso profilo di rischio rimane un ricordo del passato e pertanto la nostra attenzione deve obbligatoriamente spostarsi sull'incidenza che i costi hanno sugli investimenti.

Particolare attenzione dobbiamo, dunque, porre ai costi che sosteniamo per effettuare i nostri investimenti, sia al momento dell'acquisto sia per la sua normale gestione.

Quasi sempre nella vita reale, più si paga per qualcosa e migliore è la qualità del prodotto che ci si aspetta di ottenere. Non funziona così per quanto riguarda il costo degli investimenti, perché non vi è motivo di ritenere che si otterrà di più pagando di più.

Ogni euro che si paga in commissioni di gestione o di negoziazione è semplicemente un euro in meno di rendimento potenziale; ed esattamente come per i rendimenti, gli effetti dei costi si cumulano nel tempo, a tutto svantaggio del raggiungimento degli obiettivi prestabiliti. Abbiamo dunque la necessita di monitorare e ridurre al minimo tutti i tipi di costi e questo vale per tutti i fondi attivi e indicizzati. **I costi sono tra i principali elementi che condizionano in negativo il successo degli investimenti.**

Ma quali sono gli effetti dei costi? Proviamo a fare una simulazione per vedere il reale impatto di tutte queste commissioni.

Ti mostro un grafico che rende bene l'idea.

Ipotizziamo per semplicità un investimento con un unico versamento iniziale di 10.000 euro dove facciamo lavorare per 25 anni il nostro interesse composto.

Il nostro rendimento annuo sarà del 5% al lordo delle commissioni che ipotizziamo variano dall'1 al 3% annuo e vediamo che differenza c'è sul risultato finale.

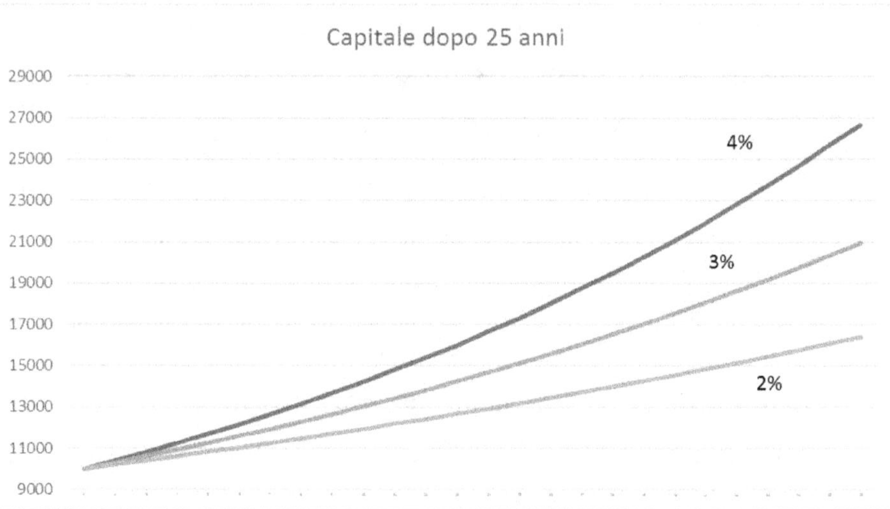

Nel primo caso, cioè commissioni annue dell'1%, dunque rendimento reale del 4%, avremo accumulato un capitale di 26.600 euro.

Nel secondo caso, con commissioni annue del 2% e rendimento reale del 3% il capitale finale sarà di 20.900 euro.

Infine, nel terzo caso commissioni al 3% e rendimento reale del 2% il capitale finale si riduce a 16.400 euro.

Da questo semplice esempio capite bene, senza la necessità di commentare oltre, come la sola differenza di commissioni a parità di investimento possa fare realmente la differenza.

Non sei ancora convinto? Immagina che due amici facciano lo stesso investimento e decidano di investire 400 € al mese per 30 anni e, per rendere il nostro esempio adeguato, entrambi abbiano un rendimento del 5% annuo.

Uno sceglie un fondo comune costoso, mentre l'altro un portafoglio di ETF a basso costo, con la differenza che il primo paga il 3% di commissioni sui fondi comuni di investimento mentre il secondo l'1% (il massimo per la media degli ETF a basso costo). Bene, a parità di investimento uno ha lasciato per strada più di 75.000 euro.

Hai ancora dei dubbi sull'importanza dei costi?
Tieni anche conto che, se l'interesse annuo che ottieni fosse il 2%, considerate tasse, oneri e costi vari potresti finire per avere un rendimento **negativo.**
Perdi soldi per via delle commissioni!
Semplicemente eliminando dalla tua vita i fondi comuni costosi e sostituendoli con fondi indicizzati a basso costo avrai fatto un grande passo avanti verso il recupero del tuo capitale potenziale.

In ogni caso, senza estremizzare, possiamo affermare che non è corretto dividere in maniera netta gestione attiva e passiva. Occorrerebbe conoscere i vari fondi in modo da usare i prodotti di entrambe le categorie di investimento in maniera da pagare un prezzo equo.

Devi sapere quanto paghi

Tieni conto che, per la maggior parte dei fondi comuni, circa il 70% dei costi sostenuti va a remunerare il canale distributivo. Detto in altre parole, più della metà di quello che paghi, finisce alla rete che colloca il prodotto, ossia la banca.

Chi si rivolge al proprio istituto di credito per ricevere consulenza finanziaria, crede che il servizio sia gratuito; in realtà lo paga con commissioni e retrocessioni sull'investimento.

Altro punto dolente è la poca trasparenza, anche perché esistono diverse voci di spesa e le più dannose purtroppo sono quelle che non si vedono (definite commissioni "**implicite**").

Per semplicità le possiamo dividere per categorie, ovvero:

- Esplicite/implicite

- Fisse/variabili
- Una tantum/periodiche

Commissioni esplicite

Presenti sui prospetti informativi:

- Commissioni di ingresso (sottoscrizione)
- Commissioni di switch: se vuoi cambiare fondo in cui investire
- Commissioni di uscita: per l'uscita dal fondo di investimento
- Commissioni di gestione: è il costo del gestore del fondo e comprende anche l'attività di consulenza
- Commissioni di amministrazione: costi legali e spese amministrative
- Commissioni di deposito: per remunerare la banca su cui vengono depositate le somme investite

Commissioni implicite

Non presenti sui prospetti informativi:

- Commissioni di negoziazione: per l'acquisto e la vendita di quote del fondo nel periodo di investimento

Variabili e annuali

- Commissioni di performance: se il gestore raggiunge un rendimento più alto del mercato
- Commissioni di gestione: le stesse delle precedenti

Fisse e una tantum

Alcune delle commissioni esplicite si pagano a prescindere dall'importo dell'investimento e si ammortizzano negli anni. Più tempo rimani nel fondo, minore sarà il loro impatto sul tuo rendimento:

- Commissioni di ingresso (sottoscrizione)
- Commissioni di uscita
- Commissioni di switch
- Diritti fissi

Tutti i costi si trovano all'interno del **KIID** (Key Investor Information Document) e del Prospetto Informativo. Sono letture noiose, lo capisco, ma non vanno in alcun modo evitate.
Qui si parla di risparmiare diverse migliaia di euro, non proprio noccioline. Chiaramente in un singolo fondo non sono presenti

tutte le tipologie di spesa ma, tra commissioni, costi e una tantum si può arrivare a pagare anche nei casi limite il 3% l'anno. Questo è il principale motivo di scarsi o nulli rendimenti di molti fondi comuni: **il peso delle commissioni.**

Tieni conto che l'industria del risparmio gestito è alquanto inefficiente e a farne le spese sono i risparmiatori e gli investitori disinformati. Quindi, per ridurre i costi del tuo investimento e, di conseguenza, aumentare esponenzialmente il tuo rendimento, devi leggere i fogli informativi e il KIID dei prodotti che ti propongono e valutare attentamente eventuali strumenti alternativi.

La prima cosa che salta subito all'occhio è la notevole differenza di commissioni tra fondi cosiddetti attivi e quelli passivi. Infatti, il punto di forza dei fondi indicizzati è rappresentato dalle bassissime commissioni rispetto ai fondi tradizionali.

I fondi indicizzati "puri" prevedono soltanto costi di gestione (nel range 0,20%-0,95%). Inoltre, per comprare e vendere quote non sono richieste commissioni. Ad esempio, i fondi che investono nell'indice S&P 500 consentono agli investitori di avere un'allocazione dei titoli azionari statunitensi a grande capitalizzazione. Questi fondi sono contraddistinti da una strategia di investimento passiva o indicizzata e investono tutto o una parte sostanziale del loro patrimonio netto totale in azioni ordinarie incluse nell'indice di riferimento.

Senza voler fare pubblicità a nessun prodotto ma solo a titolo puramente didattico, il ***Vanguard 500 Index Fund Investor Shares***, ad esempio, cerca di fornire risultati di investimento corrispondenti alla performance in termini di prezzo e rendimento dell'indice S&P 500; è stato rilasciato da Vanguard il 31 agosto 1976 e ha generato un rendimento medio annuo dell'11,00%.

Sapete che spesa annuale addebita? Lo 0,14%, che è significativamente inferiore al coefficiente di spesa medio dei fondi comuni di investimento con partecipazioni simili. Questo potrebbe essere uno di quei fondi "importanti" da tenere nel proprio portafoglio azionario.

I fondi "quotati" – cioè gli ETF – ad esempio, hanno commissioni di gestione che vanno da un minimo dello 0,2% a un massimo di circa un punto percentuale.

Da sottolineare che, ai costi di gestione, per gli ETF vanno poi aggiunte le spese per eseguire l'operazione, che sono le stesse richieste per la compravendita di azioni (massimo 0,7%). Quindi, mediamente gli ETF costano l'1%. Il costo attribuibile all'ETF è il cosiddetto TER (Total Expense Ratio; Costo Totale).

ETF diversi hanno costi diversi che dipendono principalmente dalla tipologia di costruzione (fisica o sintetica) e dalla liquidità dell'indice di riferimento. Tipicamente il TER espresso dalle *case prodotto* varia dallo 0,15% dell'investito per gli ETF che replicano indici obbligazionari, a circa lo 0,20% per gli azionari, allo 0,50% per gli ETF con strategie più complesse su indici meno liquidi come quelli dei mercati emergenti o materie prime.

Oltre a queste spese esistono, come abbiamo detto, i costi di negoziazione che però non sono parte del costo specifico dello strumento.

Se poi decidiamo di sottoscrivere un **Piano di Accumulo Capitale (PAC)** i costi e le commissioni aumentano ulteriormente. Qui parliamo dei costi da sostenere nel caso di un PAC concordato con la propria banca e i cui versamenti sono riversati sui fondi comuni.

Nel dettaglio possiamo avere:

- Costo di sottoscrizione: può variare a seconda del fondo di investimento scelto ed è più alto della media per investimenti simili. Molto spesso le commissioni totali vengono caricate per il 30% al momento della sottoscrizione, mentre la parte restante viene ripartita per le rate dei versamenti concordati
- Costo di chiusura anticipata: sono molto penalizzanti le spese applicate al risparmiatore che decide di chiudere anticipatamente l'investimento, ma più si va avanti negli anni e più scendono
- Spese di gestione: come ogni fondo di investimento gestito, all'investitore è richiesto il costo di gestione
- Diritti fissi: specificati al momento della sottoscrizione, parliamo di un costo che viene trattenuto sull'importo di ogni singola rata. Se, ad esempio, il fondo prevede un diritto fisso di 2 euro per ogni 100 euro mensili versati, siamo di fronte a un costo, non indifferente, del 2%

I prodotti Assicurativi

Ribadisco che i prodotti assicurativi sono prodotti finanziari di investimento da maneggiare con cura, in quanto hanno una struttura di investimento particolarmente complessa o comunque non facilmente intuibile. La cosa più importante da sapere è che, in genere, non vengono investiti tutti i soldi versati, questo perché già a monte le assicurazioni solitamente applicano il caricamento dei costi di stipula del contratto.

A questi si aggiungono i vari costi annui di gestione con il risultato di influire pesantemente sul rendimento finale. La conclusione è che, prima della sottoscrizione di un contratto di questo genere, è indispensabile analizzare con attenzione tutti i rischi finanziari contenuti nella Nota Informativa e valutare se ne vale effettivamente la pena.

Tieni conto che le compagnie assicurative hanno l'obbligo di indicare all'interno del contratto il cosiddetto **indicatore sintetico del costo percentuale medio annuo**, che ci può fornire una preziosa indicazione per valutare bene tutti i costi e la convenienza della sottoscrizione.

Sul sito web della COVIP, inoltre, puoi trovare l'elenco degli ISC (Indicatore sintetico dei costi) di tutte le linee di investimento, insieme al **Comparatore dei costi** delle forme pensionistiche complementari, per confrontare la diversa onerosità degli strumenti previdenziali che il mercato offre.

Non possiamo, naturalmente, passare in rassegna i costi di tutte le tipologie di prodotti esistenti ma il messaggio che voglio farvi comprendere è di valutare bene anche questo aspetto. Minimizzare i costi è la strada maestra per ottenere rendimenti più elevati.

L'ottimizzazione fiscale

Nella gestione delle nostre finanze, occorre inserire un altro importante tassello, ovvero l'ottimizzazione fiscale del Patrimonio, in altre parole l'allocazione delle risorse nel modo migliore possibile per ottenere un risparmio fiscale.

Le tasse

Nel nostro paese, tutti i proventi che derivano da titoli e da altre forme di investimento del risparmio, sono sottoposti a tassazione disciplinata dal Testo Unico delle Imposte sui Redditi.

Tali forme di proventi, quali ad esempio:

- Interessi di obbligazioni, cedole o dividendi dei titoli azionari
- Proventi derivanti dalla partecipazione a fondi comuni
- Plusvalenze prodotte dalla negoziazione dei titoli ("capital gains")

vengono divise, nel T.U.I.R., in "redditi di capitale" e in "redditi diversi di natura finanziaria".

I **redditi da capitale** sono quei proventi che vengono corrisposti passivamente dall'impiego del capitale perché fanno parte della struttura del prodotto finanziario, vale a dire cedole e dividendi. Tale tipo di reddito viene tassato immediatamente e, nonostante il nome, non genera alcun *capital gain*.

I **redditi diversi di natura finanziaria** sono i proventi generati dalla differenza tra il prezzo di acquisto e quello di vendita. Quando gli investimenti sono andati bene si parla di plusvalenza (o *capital gain*); nel caso opposto si parla di minusvalenza.

Il **Capital Gain**, o guadagno in conto capitale, è il termine utilizzato per indicare la differenza tra prezzo di vendita e prezzo di acquisto di uno strumento finanziario. Un esempio sarà utile per far comprendere meglio questa definizione: se si compra un'azione a 100 e la si rivende a 110, la differenza (110-100) costituisce una plusvalenza. Quando invece il prezzo di vendita è inferiore a quello di acquisto, si ha una perdita o minusvalenza.

Dal confronto internazionale l'Italia si pone tutto sommato in una posizione intermedia considerando le due aliquote del 12.5 e 26% sulle rendite finanziarie, almeno sulla carta. Infatti, la tassazione dei redditi di capitale in forma di rendite finanziarie si distingue in questo senso tra:

- Tassazione con aliquota al 26% per interessi derivanti da dividendi, obbligazioni, interessi attivi bancari e postali, certificati di deposito
- Tassazione con aliquota al 12,50% per i titoli di Stato e similari

I redditi diversi costituiscono una categoria di reddito residuale, che ha carattere eterogeneo, in quanto comprende i redditi più disparati che non rientrano nelle altre categorie di reddito. In altri termini, i redditi diversi sono tutti quei redditi che si generano come plus o minusvalenze su attività finanziarie.

Fanno eccezione gli OICR (Fondi Comuni e ETF), nei quali cedole e plusvalenze sono considerate redditi di capitale, mentre le minusvalenze sono considerate redditi diversi: tale distinzione è stata prevista al fine di ridurre l'istituto della compensazione.

La seguente tabella riassume il tutto:

	Redditi di Capitale	Aliquota	Redditi Diversi	aliquota
Titoli di Stato italiani Buoni fruttiferi postali Titoli di stato esteri	Interessi	12,50%	Plus/Minusvalenze	
Interessi su C/C, depositi, certificati	Interessi	26,00%	NO	
Azioni quotate	Cedole	26,00%	Plus/Minusvalenze	
OICR e ETF	Cedole/Plusvalenze	26,00%	Minusvalenze	
Futures, Opzioni Warrant			Plus/Minusvalenze	26,00%
Valute			Plus/Minusvalenze	26,00%
Forme di Previdenza Complementare	Risultato netto maturato	11,50%		
Polizze Assicurative	Risultato netto maturato	26,00%		
PIR - Piani di Risparmio Individuali	Plusvalenze	0,00%		
Fondi di Previdenza Complementare	Plusvalenze	20,00%		

La conclusione è che in Italia abbiamo un sistema unico al mondo che colpisce in misura iniqua i redditi di natura finanziaria, che distingue tra redditi diversi e redditi di capitale e non permette di compensare sistematicamente i guadagni e le perdite conseguiti con i diversi strumenti finanziari.

Un handicap che, di fatto, determina un prelievo effettivo più alto del 26% previsto sui redditi realizzati con gran parte degli strumenti finanziari dell'aliquota agevolata del 12,5% previsto sui titoli di Stato ed equiparati. L'incomunicabilità fra redditi di capitale (proventi periodici dell'investimento, come interessi e dividendi, ma anche plusvalenze generate con i fondi comuni ed ETF) e redditi diversi (plusvalenze derivanti da differenze positive tra prezzo di vendita e prezzi di acquisto di altri strumenti finanziari) genera situazione paradossali.

Per esempio, se il bond stacca cedole o le azioni dividendi, i proventi sono tassati anche se l'investitore nel recente passato ha subito delle perdite. A questo si aggiunge un altro elemento paradossale sui fondi comuni, che rende impossibile compensare i proventi positivi (considerati redditi di capitale) con eventuali minusvalenze (redditi diversi) realizzate sui medesimi fondi. I redditi di capitale non sono mai compensabili con eventuali perdite (minus) pregresse, mentre i redditi diversi lo sono, ma solo nell'arco dei 4 anni successivi a quello in cui la perdita si è determinata.

Il reddito di capitale è di sua natura solo positivo, ovvero non è aleatorio. Ciò significa che i redditi di capitale non possono essere compensati con nulla. I redditi diversi possono essere sia positivi che negativi e, quindi, saranno gli unici soggetti a compensazione.

Un altro importante principio alla base della tassazione dei redditi di capitale è il **principio di cassa**. In base al principio di cassa i redditi di capitale devono essere riportati in dichiarazione dei redditi e tassati solo con riferimento al periodo d'imposta in cui sono incassati. Questo vuol dire che ti devi assicurare, quando è possibile, di investire in maniera da poter rimandare il prelievo fiscale, in modo che l'interesse composto possa operare sul capitale non tassato e le tasse interverranno solo al momento della vendita.

In altre parole, occorre pianificare gli investimenti anche in un'ottica di ottimizzazione fiscale.

Ad esempio, in alcuni casi, possiamo utilizzare prodotti come le Unit linked (polizze legate a quote di fondi di investimento) che consentono di utilizzare i fondi in classe istituzionale (comprati da operatori professionali che hanno un costo ridotto), avere il differimento fiscale e pianificare al meglio la successione.

Ma le tasse non finiscono qui. Esistono altre imposte da pagare sugli strumenti finanziari:

- **Imposta di bollo** sulle attività finanziarie e sui conti deposito, pari al 2 per mille della somma investita per le persone fisiche. Sui conti correnti e libretti di risparmio, l'importo dell'imposta di bollo è invece fisso ed è pari a 34,20 euro per le persone fisiche e a 100 euro per le persone giuridiche. Sono del tutto esenti le giacenze inferiori ai 5.000 euro.

- **Imposta sul valore delle attività finanziarie detenute all'estero (IVAFE)**, è un'imposta del 2 per mille, calcolata sul valore dei prodotti finanziari, dovuta proporzionalmente alla quota di possesso e al periodo di detenzione.

- **Tobin Tax**, si applica sul trasferimento della proprietà di azioni, di strumenti finanziari partecipativi, sulle operazioni ad alta frequenza (*high frequency trading*) e sui derivati. L'aliquota prevista per le transazioni su azioni è dello 0,10% sul controvalore del saldo netto positivo di fine giornata, mentre sale allo 0,2% per le azioni negoziate sui cosiddetti "mercati non regolamentati" (OTC: *Over The Counter*). Per quanto riguarda infine i derivati che abbiano come sottostante indici o azioni italiane (Futures, Opzioni, CFD, Warrants, Covered Warrants e Certificates) l'aliquota è in misura fissa e varia a seconda del tipo di strumento e del valore del contratto.

Infine, solo un accenno su come si pagano le tasse sulle rendite finanziarie. Ogni risparmiatore può scegliere fino a che punto occuparsi in prima persona della gestione fiscale dei propri investimenti.

Esistono, infatti, diversi regimi fiscali che essenzialmente si differenziano per il tipo di rapporto tra risparmiatore e intermediario:

- Nel **regime fiscale amministrato** gli adempimenti fiscali – relativi sia alle plusvalenze/minusvalenze effettivamente realizzate, sia ai redditi da capitale come cedole e dividendi – vengono delegati all'intermediario, che svolge il ruolo di sostituto di imposta.

- Nel **regime fiscale del risparmio gestito** le scelte d'investimento sono delegate a un gestore professionale, gli adempimenti fiscali vengono sempre delegati all'intermediario, che funge da sostituto di imposta, come nel caso del regime amministrato.

- Nel **regime dichiarativo** è cura dell'investitore riportare ogni singola operazione nel modello unico per determinare l'imposta (che però resterà estranea alla logica progressiva dell'IRPEF). Tale opzione "fai da te" si adatta specialmente agli investitori esperti che sappiano gestire la raccolta della documentazione e la corretta compilazione dei vari moduli dichiarativi.

Approfondiamo l'aspetto fiscale degli ETF

Premettiamo che, se decidiamo di investire attraverso gli ETF, possiamo scegliere fra ETF che distribuiscono un'entrata regolare proveniente dalle azioni o obbligazioni sottostanti, e ETF che reinvestono i proventi automaticamente. Chiaramente la scelta dipende dalle nostre necessità; se abbiamo bisogno di generare entrate regolari da un esistente patrimonio, dobbiamo optare per un ETF a distribuzione che utilizzeremo come fonte di rendita passiva. Ricordatevi però che le entrate da dividendi o interessi che riceverete saranno tassate al momento della distribuzione.

Se viceversa l'obiettivo è risparmiare soldi per il futuro, allora sarà più appropriato selezionare un ETF che automaticamente reinveste i proventi (ETF ad accumulazione) che ha il notevole vantaggio di posticipare il pagamento delle tasse sui guadagni.

Non dovrete neanche preoccuparvi di reinvestire i proventi, sfruttando, in questo modo, il vantaggio degli interessi composti ed evitando nuove commissioni di sottoscrizione che sostenete quando comprate nuove quote di un ETF.

Inoltre, come abbiamo visto sopra, in Italia gli ETF sono tipicamente soggetti a un'aliquota sostitutiva del 26%. Mentre gli ETF che investono in titoli pubblici italiani ed equiparati sono soggetti a un'aliquota del 12,50%. Sappiamo anche che non possiamo compensare le minusvalenze e le plusvalenze degli ETF, perché le plusvalenze di ETF sono considerate "redditi di capitale", mentre le minusvalenze di ETF sono considerate "redditi diversi". Dunque, eventuali minusvalenze degli ETF (al pari di quelle dei fondi comuni di investimento) possono eventualmente essere compensate con plusvalenze derivanti da altri strumenti finanziari quali Azioni, Obbligazioni, Certificates, ETC.

Il vantaggio fiscale invece, si può ottenere aprendo una Gestione Patrimoniale in ETF in Regime Gestito e avere, in questo modo, la possibilità di compensare plusvalenze e minusvalenze. Questo vuol dire che al 31 dicembre di ogni anno si valuterà il risultato della gestione nel suo insieme e la base soggetta all'imposta sarà solo l'eccedenza positiva.

In caso di risultato negativo nel suo insieme la minusvalenza potrà essere riportata a nuovo fino al quarto anno fiscale successivo, avendo in questo modo l'effetto di un credito d'imposta. Avendo, quindi, la possibilità di compensare rendimenti o perdite dell'intera gestione, si crea in questo modo ulteriore efficienza.

Prima di concludere il nostro viaggio, occorre ancora fare un altro passaggio importante.

Necessita fare un accenno alla **finanza comportamentale** ovvero quella branca di teoria economica che spiega e approfondisce il rapporto delle persone con il mondo "emotivamente instabile" dei mercati finanziari. Uno degli elementi forse più trascurati nell'ambito del processo decisionale che porta alla formulazione della scelta dell'investimento è l'aspetto psicologico.

La realtà dei mercati finanziari, invece, insegna che sovente la componente psicologica tende ad avere il sopravvento sulla razionalità e al rigore dell'approccio economico-fondamentale. Pazienza e disciplina devono porsi come gli elementi più caratteristici e distintivi nell'ambito del nostro approccio comportamentale, da mantenere allorché ci troviamo a dover impostare e gestire le strategie di intervento sui mercati finanziari.

Non dimentichiamo che la differenza tra la buona e la cattiva riuscita di un investimento riguarda soprattutto la mentalità e la predisposizione emotiva della persona che si appresta a farlo. Questo ovviamente non vuole minimizzare il bagaglio conoscitivo delle competenze tecniche necessarie per strutturare un portafoglio profittevole, ma soltanto evidenziare che **il processo che porta al raggiungimento di buoni risultati va oltre la fase di pianificazione.** Una volta attivato il processo, questo deve essere controllato, perfezionato, ma soprattutto protetto dai naturali **sbalzi emotivi** che un investitore può subire.

Piano o non piano, il futuro si avvicina a grandi passi. Noi sappiamo di dover risparmiare e investire. Perché allora non lo facciamo? Cosa ce lo impedisce?

Incominciamo con l'ammettere che gli esseri umani non si comportano sempre in maniera razionale; alcuni di noi spendono soldi per i biglietti della lotteria, gratta e vinci, ecc. anche se sappiamo che la probabilità di vincere è bassissima.

La finanza comportamentale cerca di capire perché commettiamo degli errori finanziari senza rendercene conto e come correggerli.

Noi crediamo di prendere buone decisioni finanziarie perché siamo convinti di controllare le decisioni che prendiamo.

La scienza indica che non è così. Se un problema è troppo opprimente, abbiamo la tendenza a bloccarci e a non fare nulla, o a fare quello che è stato deciso per noi, siamo programmati così. In altre parole, quando non abbiamo idea di cosa fare, ci limitiamo ad accettare quello che è stato deciso per noi. Questo spiega perché solo pochi di noi abbiano fatto un piano finanziario per il proprio futuro: sembra complicato. Non sappiamo bene cosa fare, così reagiamo non facendo niente.

La complessità è nemica dell'azione.

Purtroppo, la maggior parte di noi viene trascinata da quelli che possiamo chiamare i rumors mediatici e sociali, che gridano alla crisi quando la Borsa perde di valore e spronano all'acquisto quando la borsa sale.

Così capita che, spaventato o esaltato dalle notizie ricevute, arrivi con l'idea di vendere i tuoi investimenti azionari, preso dal terrore di perdere tutti i risparmi di una vita oppure con l'intento di comprare sull'onda dell'entusiasmo, quando la Borsa ha da (fin troppo) tempo dato segni di forte ripresa.

La sfida non è contro il mercato ma contro noi stessi. Ed è un processo del tutto naturale, che la Finanza Comportamentale ha studiato cercando di evidenziare gli errori cognitivi che l'investitore subisce in ogni decisione che prende. I principali **fattori che ostacolano il successo** sono:

- La **speranza.** Speranze esagerate e irrealistiche denotano un atteggiamento, molto diffuso e pericoloso, da scommettitore, che si pone nello stesso modo sia nei confronti del mercato sia di un tavolo da gioco.

- La **paura** può bloccare l'investitore facendogli mancare opportunità e generando frustrazione.

- L'**avidità** può portare all'abbandono delle valutazioni di rischio.

- L'**ego**, il nemico numero uno. L'ego rende difficile ammettere gli errori e spesso fa credere agli individui di essere superiori alle emozioni.

La disciplina è un vaccino immunizzante contro le emozioni, consentendo decisioni basate su criteri oggettivi.

Le principali distorsioni sono:

- **L'effetto gregge**. La tendenza a sentirsi più propensi verso una scelta se questa è ritenuta la preferita dalla maggior parte delle persone (o da un gruppo di riferimento).

- **Affidamento sul passato**. Valutare come più probabile un risultato se questo si è realizzato in passato. Ma a livello finanziario non sempre il passato è indicativo del futuro.

- **L'avversione alle perdite**. La percezione della perdita è misurata come 2,5 volte più pesante di un guadagno dello stesso importo.

- **L'incoerenza dinamica**. Troppo spesso scelte che appaiono ottimali oggi diventano meno attraenti con il passare del tempo, generando insoddisfazione e ripensamenti.

L'obiettivo è porre un argine ai limiti descritti dalla finanza comportamentale. In particolare, sollecitare la fedeltà al piano anche durante le periodiche e inevitabili correzioni che, in molti casi, stimolano reazioni impulsive e dannose per i rendimenti. Sii consapevole che "trappole comportamentali" e "scorciatoie mentali" possono indurti a rispondere in maniera irragionevole agli stimoli esterni.

Rifletti, quindi, e risolvi i tuoi dubbi anche con l'aiuto di un esperto.

Siamo arrivati alla fine di questo breve viaggio e alcune raccomandazioni sono d'obbligo.

Sul mercato esistono una vasta gamma di prodotti, forse pure troppi e se decidi di fruire delle opportunità offerte dalla rete internet, dovrai adottare particolari cautele che ti consentano di ridurre i rischi connessi all'investimento on-line.

Se, invece, decidi di avvalerti di una persona professionalmente preparata, verifica sempre che chi ti propone un servizio o un'attività di investimento sia un soggetto autorizzato e che sia in grado di consigliare prodotti appropriati o adeguati al tuo profilo di investitore e alle tue esigenze.

Valuta con molta attenzione i rischi connessi all'acquisto di strumenti finanziari complessi, come strumenti derivati (future, swap, contratti a termine, opzioni), obbligazioni subordinate, obbligazioni strutturate e *covered warrant*.

La Consob ha raccomandato agli intermediari di adottare particolari cautele con riferimento ai prodotti complessi, fino a sconsigliarne in alcuni casi la distribuzione alla clientela *retail*.

Gli intermediari dovranno in ogni caso informare il cliente che il prodotto complesso eventualmente raccomandato non è ritenuto dalla Consob adatto alla clientela *retail*.

Considera con attenzione anche i rischi connessi all'eventuale acquisto di titoli non quotati su mercati regolamentati o non diffusi presso il pubblico. Disinvestire questi titoli potrebbe essere difficile e potrebbe avvenire a un prezzo inferiore a quello di acquisto. Leggi "criticamente" il documento informativo del prodotto finanziario nel quale stai valutando di investire, chiedi chiarimenti all'intermediario e se i dubbi persistono non investire.

In ogni caso chiedi all'intermediario o se fai da solo fatti alcune domande chiave del tipo:

- Nel caso decidessi di disinvestire prima della scadenza del titolo, in che tempi e a quale costo posso verosimilmente attendermi di rientrare in possesso di una somma almeno pari al capitale investito?
- Quanto rendono investimenti alternativi potenzialmente meno rischiosi?
- Qual è il rendimento atteso dal prodotto offerto al netto di costi e prelievo fiscale?

Dovete imparare a operare in base alla conoscenza eliminando paure e speranze. Nel momento in cui non sarete più in balia delle paure e delle speranze e sarete guidati dalla conoscenza allora avrete i nervi saldi per realizzare dei buoni investimenti. Il vostro obiettivo deve essere quello di aumentare la vostra conoscenza; studiate sempre; non pensate mai di sapere tutto.

Riepilogo del capitolo 4:

- Segreto n. 1: chi si rivolge al proprio istituto di credito per ricevere consulenza finanziaria crede che il servizio sia gratuito. In realtà lo paga con commissioni e retrocessioni sull'investimento.

- Segreto n. 2: tieni sempre presente che l'efficienza dei costi di un investimento è un aspetto fondamentale nel determinare il risultato dell'investimento stesso. Minimizzare i costi è la strada maestra per ottenere rendimenti più elevati.

- Segreto n. 3: assicurati, quando è possibile, di investire in maniera da poter rimandare il prelievo fiscale, in modo che l'interesse composto si realizzi sul capitale non tassato e le tasse intervengano solo al momento della vendita.

- Segreto n. 4: nell'80% delle scelte finanziarie conta la nostra mente. Commettiamo errori sistematici che distruggono valore, interrompono i processi di accumulazione e riducono il rendimento dei nostri investimenti.

Conclusione

Per prima cosa vi suggerisco di rileggere il libro dall'inizio. Naturalmente qualcuno si chiederà: perché? La risposta è semplice:

la ripetizione è la madre dell'apprendimento

Anche se la finanza contiene molti tecnicismi e può sembrare incomprensibile, i concetti di fondo per lavorare a un proprio tesoretto futuro sono alla portata di tutti.

Aumenta sempre la conoscenza, sviluppa un piano, tieni sotto controllo le spese, diversifica gli investimenti e riequilibrali nel corso del tempo.

Pensa in modo strategico: è questa la chiave per raggiungere traguardi finanziari importanti e investi con:

- Pazienza
- Disciplina
- Coraggio

Gestisci il rischio invece che evitarlo. Ricorda ancora una volta che, i ricchi non lavorano per i soldi: il ceto medio lavora per i soldi, i ricchi costringono i soldi a lavorare per loro e guadagnano anche quando sono in vacanza.

Occorre cambiare la mentalità che abbiamo nei confronti del denaro:

Lavoro – guadagno – spendo, lavoro – guadagno – spendo

Dobbiamo iniziare a pensare come i ricchi; quando si parla di soldi normalmente la gente chiede sempre: "quanto guadagni?". Raramente si sente porre la domanda: "a quanto ammonta il tuo patrimonio?" Se ci pensate un attimo quando sentiamo parlare degli uomini più ricchi del mondo, è proprio il patrimonio il termine di paragone e non il guadagno.

Impariamo anche noi a ragionare in questi termini. **I poveri si concentrano sul loro reddito da lavoro. I ricchi si concentrano sul valore del loro patrimonio netto.** La vera misura della ricchezza deve essere il tuo patrimonio netto ovvero il valore finanziario di tutte le cose che possiedi a cui vanno sottratti eventuali debiti.

Il guadagno ricavato dal lavoro (dipendente o autonomo) è importante, ma deve rappresentare solo una delle componenti che costituiscono il tuo patrimonio.

Pertanto, i quattro fattori del capitale netto sono:

- Reddito
- Risparmio
- Investimento
- Semplificazione

Dei primi tre punti ne abbiamo parlato largamente, della semplificazione possiamo dire che va di pari passo con il risparmio. Essa consiste nel creare consapevolmente un livello di vita in cui occorrono meno soldi per vivere. La conseguenza è che aumenteranno i risparmi e la quantità di denaro disponibile per gli investimenti.

Occorre ribaltare la legge di Parkinson secondo la quale: "le spese si espandono fino a prendersi tutto il reddito disponibile".

Dunque, all'aumentare del reddito occorre diminuire proporzionalmente i consumi. O più semplicemente, mantenere lo stesso reddito ma abbassando comunque i consumi per scelta. Infatti, il vero concetto di ricchezza è: guadagnare 10 e spendere, per una vita decorosa, meno di 10. Più diventiamo ricchi e maggiore potrà essere la nostra consapevolezza di cosa è veramente importante. Se impariamo a pensare a lungo termine possiamo riequilibrare le spese tra il divertimento di oggi e quello di domani; altrimenti continueremo a gestire la nostra vita sulla base della gratificazione immediata. Ma ricordatevi che alla fine il domani diventerà oggi.

Allora cerchiamo di convogliare le nostre energie sulla costruzione del capitale netto, iniziamo da quello attuale, stabiliamo i nostri obiettivi e monitoriamone la crescita. Solo in questo modo possiamo sapere se siamo sulla strada giusta, se siamo diventati più ricchi. Quello che occorre fare è cercare di uscire da questo stato confusionale, riuscire a prendere le distanze da tutte le notizie negative a cui giornalmente i media ci sottopongono (crisi politica, crollo degli immobili, debito pubblico, spread, ecc.).

Usciamo dalla cappa della negatività e guardiamo le cose da un'altra prospettiva, elevandoci in un'altra posizione in modo da fare scelte coerenti con i nostri progetti di vita. Se decidiamo di accumulare soldi per i nostri figli, e quindi bisognerà farlo per anni, cosa ci importa delle schermaglie quotidiane dei politici di turno?

Impariamo a guardare a ciò che è davvero essenziale; cerchiamo di allargare i nostri orizzonti, se le cose vanno male in Italia non è detto che vadano male dappertutto. Ci sono nazioni in cui la crescita galoppa senza freni. Se in Italia l'economia è ferma da 10 anni, alcune Borse del mondo, tra cui quella americana, hanno realizzato una delle "corse" più remunerative della storia, mentre noi, tenendo i soldi sui conti correnti, quella corsa l'abbiamo persa.

E allora, costruiamo i nostri progetti guardando correttamente agli aspetti essenziali, in modo da poterli gestire nella maniera più corretta: senza nebbia. Il motto deve essere:

"Mi concentro sulla costruzione del mio patrimonio"

Grazie di tutto

Per concludere se questo libro ti ha soddisfatto puoi andare su Amazon e lasciare una recensione. Se vuoi rimanere aggiornato sulle ultime novità in tema di finanza personale e partecipare attivamente allo scambio di informazioni, puoi iscriverti al gruppo Facebook "da 0 a investitore".

Se, infine, vuoi approfondire particolari argomenti puoi partecipare ai percorsi di formazione appositamente studiati; per saperne di più puoi scrivere al seguente indirizzo e-mail:
maucardella1967@gmail.com